RUDOLF STEINER

Hellsehen und Einweihung

RUDOLF STEINER

HELLSEHEN UND EINWEIHUNG

Drei Vorträge

Herausgegeben und mit einer ergänzenden Betrachtung versehen von Jean-Claude Lin

VERLAG FREIES GEISTESLEBEN

ISBN 3-7725-1771-4

1. Auflage 1999
Verlag Freies Geistesleben
Landhausstraße 82, 70190 Stuttgart
Internet: www. geistesleben.com

Einband: Thomas Neuerer unter Verwendung
eines Bildes von Christiane Lesch
Druck: Offizin Chr. Scheufele, Stuttgart

INHALT

VORWORT

Bereits als Kind verfügte Rudolf Steiner über hellseherische Erlebnisse. Doch verschwieg er diese weitgehendst bis in sein vierzigstes Lebensjahr hinein. Er spürte wohl, daß er unter seinen Zeitgenossen in den letzten Jahrzehnten des 19. Jahrhunderts wenig Verständnis für solche Erlebnisse ernten würde. Noch wichtiger als das begierige Ohr für Mitteilungen aus übersinnlichen Schauungen war ihm aber zunächst die Auseinandersetzung mit den philosophischen und naturwissenschaftlichen Bestrebungen seiner Zeit. In die Beobachtungen und Gedankenbildungen der Wissenschaften wollte er sich vertiefen und von ihnen aus sich einen Weg zu seinen Erlebnissen einer sonst nur in übersinnlichen Erfahrungen sich offenbarenden Welt erarbeiten.

Ohne diese entsagungsvolle Arbeit an einer spirituellen Vertiefung und Erweiterung des Denkens wäre es nicht zu der Wirksamkeit gekommen, die Rudolf Steiner durch sein öffentliches Auftreten für eine Wissenschaft des Geistes (Anthroposophie) auf den verschiedenen Gebieten des Lebens erreichen sollte.

In den hier wiedergegebenen drei Vorträgen aus

den mittleren Jahren der anthroposophischen Tätigkeit Rudolf Steiners werden einige Grundzüge jener hellseherischen Fähigkeiten geschildert, die seinen eigenen Forschungen zugrunde lagen. Einerseits machen sie deutlich, welche unterschiedlichen Grundarten des Hellsehens es gibt – vom «Kopf-Hellsehen» über «Herz-» oder «Brust-Hellsehen» zum «Bauch-Hellsehen», wie im dritten Vortrag beschrieben –; andererseits wird auch darauf hingewiesen, welche Bedeutung dem Erlangen eines selbständigen, wissenden Umgangs mit Ergebnissen hellseherischer Forschung zukommt, wie es durch die denkende Tätigkeit des Menschen möglich und notwendig ist. Es ist diese Einbeziehung der Errungenschaft des selbstbewußten Denkens, die die neue Pforte der Einweihung in unserer Zeit bildet. Wie in dem letzten der drei Vorträge von 1915 ausdrücklich erwähnt wird und implizit auch in den zwei vorangehenden Vorträgen von 1909 und 1913 gesagt ist, *muß Wissenschaft dem Schauen vorangehen.*

Was hier der Leser in den drei Vorträgen von ausgewählter Perspektive dargestellt findet zu Arten des Hellsehens und ihrer Beziehung zu dem, was im modernen Sinne «Einweihung» genannt werden kann, ist von Rudolf Steiner in seinem schriftlichen Werk und in seinen vielen Vorträgen unter den verschiedensten Gesichtspunkten behandelt und ergänzt worden. Ein adäquates Urteil darüber wird ohne eine Erarbeitung der Darstellung der Grundlagenwerke über das Wesen des Menschen wie der *Theosophie,* des Schulungsweges *Wie erlangt man Erkenntnisse der höheren Welten?* oder der Kosmologie der *Geheimwissenschaft im Umriß*, aber auch seines frühen Entwurfes einer *Philosophie der Freiheit* nur bedingt möglich sein. Sie geben aber eine ungemein vielseitige, in die Tiefe dringende und impulsierende Erkenntnis menschlicher Entwicklungsmöglichkeiten wieder.

Stuttgart,
im Januar 1999

Jean-Claude Lin
Verlag Freies Geistesleben

I.

VISIONÄRES SCHAUEN UND DENKENDES ERKENNEN.

Über das rechte Verhältnis zu übersinnlichen Erfahrungen

Stuttgart, 13. November 1909

Was oftmals gesagt wird in den verschiedenen Vorträgen über die in der Siebenzahl ablaufenden Zyklen, ist keine Redensart; es entspricht wirklich einem Gesetz des Daseins. Indem wir einen siebenjährigen Zyklus in dem Leben unserer geisteswissenschaftlichen Bewegung nun vollendet haben, darf es gesagt werden, daß wir eigentlich einige Momente ein wenig Einkehr halten sollten in unser ganzes Streben, in unser ganzes Arbeiten. Dieses Arbeiten ist ja nur dann möglich, wenn die spirituelle Bewegung so abläuft, daß sie sozusagen in ihrer inneren Gesetzmäßigkeit etwas von den Gesetzen der großen Weltenordnung enthält. Die Weltenordnung läuft ab in Zyklen, die man nach der Siebenzahl rechnen kann. Wir zählen sieben planetarische Zustände der Erde, sieben Zustände innerhalb der planetarischen Welten und so weiter.[1] Aber auch bei einer solchen Bewegung wie der unsrigen spielt die Siebenzahl eine gewisse Rolle, und es kehrt gewissermaßen das Streben nach sieben Jahren zu seinem Anfang zurück, indem es sich einverleibt hat in der Zwischenzeit dasjenige, was erarbeitet worden ist. Es kehrt das Streben auf einer höheren Stufe wiederum nach seinem Anfang zurück. So etwas ist nur dann zu erreichen möglich, wenn auch die tiefere, innere Gesetzmäßigkeit der Sache nicht außer acht gelassen wird.

Wenn Sie ein wenig zurückblicken, wie wir gearbeitet haben in diesen sieben Jahren, so werden Sie eines bemerken können: es gab wirklich eine gewisse Regelmäßigkeit in dieser Arbeit. Sie können natürlich diese Dinge, die jetzt gesagt werden, nicht auf den Tag hin nehmen, aber wenn Sie sie im wesentlichen nehmen, so werden Sie sehen, daß sie so sind. Wir haben in den ersten vier Jahren unserer Arbeit sozusagen die Grundanlagen unseres Arbeitens gemacht. In den ersten vier Jahren haben wir uns verschafft eine gewisse Erkenntnis vom Wesen des Menschen, eine gewisse Erkenntnis von den Wegen, die in die höheren Welten hinaufführen, und wir haben uns Erkenntnisse verschafft etwas über die großen kosmischen Zusammenhänge, über das, was man nennen kann die Prüfung der Ergebnisse der Akasha-Chronik in bezug auf die Weltengeheimnisse.[2]

Diejenigen unserer Mitglieder,[3] welche später eingetreten sind, haben ja immer nötig gehabt und werden es immer nötig haben, diese feste Grundlage unseres Strebens, die unerläßlich ist, sich nachher anzueignen. Denn um einen Fortschritt einer Bewegung in richtiger Weise möglich zu machen, genügt es keineswegs, daß man sich bloß das aneignet, was in den letzten drei Jahren vorgekommen ist. Wenn Sie eine gewisse Rückschau halten, so werden Sie sehen, daß in den letzten drei Jahren in gewisser Beziehung ausgebaut worden sind selbst diejenigen Wahrheiten und Erkenntnisse, die Ihnen in den letzten Jahren, vielleicht etwas frappierend entgegengetreten sind. Wenn Sie versuchen, den Zusammenhang herzustellen mit dem, was in den ersten vier Jahren unseres Arbeitens gepflegt worden ist, sozusagen in dem viergliedrigen Unterbau des Ganzen, so werden Sie sehen, daß auch das, was frappierend war, was große, umfassende Wahrheiten sind, einen intimen Zusammenhang hat mit dem, was in den ersten vier Jahren geschehen ist. Davon werden Sie sich überzeugen können, wenn Sie Einkehr in sich selber halten. Die jüngeren Mitglieder sollten es sich recht sehr ins Herz geschrieben sein lassen, daß sie durchaus nicht versäumen sollten, für einen gediegenen Grundbau bei sich zu sorgen. Es wird ja immer mehr und mehr, überall wo gearbeitet wird, dafür gesorgt, daß derjenige, der später eintritt, nachholen kann, was in den ersten Jahren hier erarbeitet worden ist. Ohne dieses Nachholen ist ein wirkliches Mitkommen eigentlich nicht möglich. Wir sollen das, was geisteswissenschaftliche Bewegung ist, durchaus im tiefsten Sinne ernst nehmen.

Im Zusammenhänge damit darf vielleicht heute über ein Thema gesprochen werden, gerade mit

Bezug auf unseren wichtigen Zeitabschnitt, über ein Thema, das mehr die Gesinnung und die ganze spirituelle Vorstellungsart betrifft: Welches ist die richtige Art, in der sich der Anthroposoph zur Geisteswissenschaft selber stellen kann?

Was hiermit gesagt sein soll, wird uns noch viel klarer werden, wenn wir die Frage etwas anders stellen, wenn wir sie so stellen: Warum wird denn überhaupt heute so, wie es geschieht, Anthroposophie gelehrt? Warum werden Mitteilungen gegeben über die höheren Welten, Mitteilungen, die Ergebnisse der geistigen Forschung, des hellseherischen Bewußtseins sind? Könnte es vielleicht nicht so sein, daß in ganz anderer Weise vorgegangen würde, daß man vielleicht damit begänne, einem jeden gewisse Anweisungen zu geben, wie er seine eigenen, inneren, in der Seele schlummernden Fähigkeiten entwickeln kann, so daß er sozusagen durch diese Anweisungen empfangen würde die Möglichkeit, nach und nach selber hinaufzudringen in die geistigen Welten, auch bevor er irgend etwas, wie es heute geschieht, mitgeteilt erhält von dem, was Tatsachen in den höheren Welten sind? Man muß sagen, es ist in einer gewissen Weise früher die Gepflogenheit so gewesen; sie war so vor unserer geisteswissenschaftlichen Bewegung. Da hat man lange Zeiten hindurch gesagt: Es nützt ja eigentlich nicht viel, wenn irgend jemand hintritt vor die Welt und die Ergebnisse der geistigen Forschung mitteilt. – Und man hat sich so zurückhaltend wie möglich benommen in bezug auf solche Mitteilungen. Man hat eigentlich sich darauf beschränkt, den Menschen gewisse Regeln zu geben, wie sie die in ihrer Seele schlummernden Fähigkeiten entwickeln sollen, und hat dann im Grunde genommen sie nicht mehr wissen lassen als das, was sie sich so selber durch eigene Anschauung langsam in den höheren Welten erworben haben. Es könnte nun die Frage entstehen: Warum wird dieser Weg heute nicht eben ausschließlich eingeschlagen, sondern warum wird heute aus den Ergebnissen der Geistesforschung Anthroposophie mitgeteilt?

Das ist nicht aus irgendeines Menschen Vorliebe oder Willkür entsprungen, sondern das hat seine guten Gründe. Und wir werden besser verstehen, was wir gut verstehen sollten, wenn wir uns immer wiederum eines sagen: Was teilt eigentlich diese Geisteswissenschaft mit? Sie teilt mit Tatsachen, Wahrheiten aus dem Bereich der höheren, der übersinnlichen Welten; sie teilt mit dasjenige, was das hellseherische Bewußtsein in diesen höheren Welten erforschen kann.

Nun ist es ja richtig, daß derjenige, dem solche Mitteilungen gemacht werden und der nicht selbst hellseherisch ist, sich von den Tatsachen als solchen zunächst nicht durch unmittelbare Anschauung überzeugen kann. Es ist richtig, daß er die Mitteilungen hinnimmt, und daß er sie sozusagen durch den hellseherischen Augenschein nicht prüfen kann. Gewiß, das ist ganz richtig. Aber es wäre ganz falsch, zu glauben, daß der Mensch, der nicht hellseherisch ist, die heute mitgeteilten Erkenntnisse überhaupt nicht prüfen könnte, überhaupt nicht einsehen könnte. Das zu glauben, wäre ganz falsch und es wäre eine unrichtige Meinung, wenn man behaupten wollte, daß man bloß auf Treu und Glauben, auf bloße Autorität hin das aufnehmen müßte, was aus dem hellseherischen Bewußtsein heraus mitgeteilt wird. Es würde geradezu etwas im höchsten Grade Unvollkommenes in diesen Mitteilungen liegen, etwas Mangelhaftes, wenn diese Mitteilungen bloß auf Autorität, bloß auf Glauben Anspruch machen wollten.

Was mitgeteilt wird auf rechtmäßige Weise, das kann – und das ist ja oft gesagt worden – erforscht werden nur durch das hellseherische Bewußtsein. Ist es aber, und meinetwillen auch nur von einem einzigen, erforscht, ist es einmal geschaut und wird es mitgeteilt, dann kann es jeder einsehen durch seine unbefangene Vernunft, durch das, was ihm zugänglich ist auf dem physischen Plan. Und es darf wohl gesagt werden: Wenn auch nicht jeder von denen, die hier sitzen, immer die Möglichkeit hat, gleich alles im umfänglichsten Sinne zu prüfen, so könnte er sich doch wenigstens diese Möglichkeit verschaffen, wenn er Zeit und Fähigkeit – aber nur Fähigkeiten dieses physischen Planes – dazu hätte.

Nehmen wir selbst so schwierige Dinge, wie sie hier in den letzten Vorträgen berührt worden sind, von den Inkarnationen des Zarathustra, so schwierige Dinge also, die sich darauf bezogen, daß des Zarathustra astralischer Leib übergegangen ist in Hermes, daß des Zarathustra ätherischer Leib übergegangen ist in Moses,[4] dann darf niemand behaupten, daß derjenige, der diese Dinge aus der Geistesforschung heraus kennt, bloß Anspruch machen würde auf den blinden Glauben. Nein, das ist durchaus nicht der Fall! Wenn jemand käme und sagte: Gut, ich habe gar nichts von einem Hellseher. Da behauptet einer diese Sachen von Zarathustra und seinen Inkarnationen. Ich will jetzt alles das, was dem Menschen auf dem physischen Plan zur Verfügung steht, aufgreifen, alles, was die Geschichte überliefert, alles, was in steinernen Dokumenten enthalten ist, alles, was in religiösen Urkunden enthalten ist, alles das will ich in der sorgfältigsten Weise prüfen. – Und ein solcher sagte: Nehmen wir an, daß richtig sei, was der da sagt, stimmt das mit den Tatsachen, die äußerlich konstatiert werden können? – Und dann würde er alles, was äußerlich konstatiert werden kann, durchforschen und würde sehen, daß, je genauer er vorgeht bei seinen Forschungen, er um so mehr die Tatsachen, die der Hellseher mitteilt, bestätigt fände.

Wenn das Wort Furcht überhaupt eine Bedeutung dabei hätte, so könnte man sagen, die geisteswissenschaftliche Forschung kann eventuell Furcht haben vor einer ungenauen Prüfung, aber vor denjenigen nicht, die alles nehmen wollen, was der physischen Forschung zur Verfügung steht. Diese werden sehen, daß, je genauer sie vorgehen bei ihren Forschungen, sie desto mehr die Tatsachen, die der Hellseher mitteilt, bestätigt finden werden. Für diejenigen Dinge aber, die nicht so ferne liegen und die nicht so schwierig sind, die sich auf Karma und Reinkarnation, auf das Leben zwischen dem Tod und einer neuen Geburt beziehen, da braucht jemand nur das, was das Leben bietet, unbefangen zu betrachten. Je genauer er das betrachtet, desto mehr wird er bestätigt finden, was der Hellseher mitteilt; das heißt, es gibt genügsam Möglichkeiten, sich zu überzeugen davon, daß das, was gewonnen wird aus den übersinnlichen Welten, sich bestätigt an der äußeren physischen Welt. Und das ist etwas, was nicht so leicht hingenommen werden soll, sondern etwas, was wir als eine unerläßliche Notwendigkeit betrachten sollen. Wir sollen zunächst die Tatsachen, die vielleicht nur wenige erforschen können, an dem Leben prüfen. Wir sollen gar nicht immerfort die Phrase wiederholen: Das muß man auf Treu und Glauben hinnehmen! – Nein, nehmt so wenig als möglich auf Treu und Glauben an, aber prüft, prüft, nur nicht befangen, sondern unbefangen! Das ist dasjenige, was man zunächst betonen kann.

Nun aber handelt es sich ja darum, daß eine solche Prüfung, wenn sie vorgenommen wird, in gewisser Beziehung anstrengend ist. Sie erfordert Denken, sie erfordert, daß man sozusagen arbeitet, daß man sich tatsächlich darauf einläßt, Bestätigungen in der physischen Welt zu finden für das, was aus der hellseherischen Forschung heraus gesagt wird. Und da kommen wir auf ein Kapitel, das sehr wohl einmal besprochen werden kann, welches unserer eigentlichen

Frage erst entspricht, nämlich darauf: Ist es notwendig oder wenigstens gut für den heutigen Menschen, neben dem Streben, das ja berechtigt ist, selber hineinzudringen in die geistige Welt, ist es notwendig oder wenigstens gut, mit den gewöhnlichen Erkenntnismitteln und den gewöhnlichen Denkmethoden des physischen Planes sich eingehend und energisch zu beschäftigen? Mit andern Worten: Tut der Geistesschüler gut, jene Bequemlichkeit zu überwinden, die er ja heute reichlich mitbringt aus der nichtspirituellen Welt, tut er gut, jene Bequemlichkeit zu überwinden und ernsthaft seine Gedankenwelt auszubauen, sich wirklich der Mittel, mit denen man den Menschen auch vom physischen Plan aus erkennen kann, zu bemächtigen und ihrer sich zu bedienen? Tut er gut, vor allen Dingen recht viel zu lernen, namentlich zu lernen in bezug auf denkerische Art? Es ist sogar recht schwierig, ganz klar und präzis dem heutigen Bewußtsein beizubringen, was man darunter versteht.

Da kam es mir vor, daß jemand, der vorwärtskommen wollte auf anthroposophischem Felde, gleichzeitig aber sich schulen wollte, um die spirituellen Gedanken immer genauer zu denken, eine Lektüre von mir angewiesen haben wollte. Ich empfahl dem Betreffenden zu seiner Denktrainierung, damit er immer mehr imstande sein werde, die Gedanken, die er überliefert erhalte, sich in scharfen Konturen hineinzuzeichnen, er solle das Werk von Spinoza *Die Ethik*[5] studieren. Es dauerte nur wenige Wochen, da schrieb mir die betreffende Persönlichkeit: Ja, er wisse eigentlich nicht, warum er das studieren solle; denn es sei verhältnismäßig ein dickes Buch und alles liefe darin doch nur darauf hinaus, das Dasein Gottes zu beweisen. Das habe er aber niemals bezweifelt und brauche deshalb nicht lange Gedankengänge durchzumachen, um das Dasein Gottes zu beweisen. – Sehen Sie, das ist so richtig ein Beispiel für jene Bequemlichkeit, mit der heute viele Menschen an die Geisteswissenschaft herankommen. Sie sind sozusagen schnell zufrieden, wenn sie sich einen Glauben erworben haben, und sie scheuen die Mühe, sich Stück für Stück jene Vorstellungen, die ja unbequem sind, zu erwerben, auszubauen. Dadurch kann aber niemals etwas anderes herauskommen als ein blinder Glaube, während Sie schon sehen werden, daß die Sache aufhört, blinder Glaube zu sein, wenn Sie wirklich Ihr Denken schulen und nicht bloß gierig danach streben, jene Kräfte auszubilden, die sozusagen zu einer elementaren Stufe der Hellsichtigkeit führen.

Gewiß soll heute nichts gesagt werden gegen das Streben, die verborgenen Kräfte in der Seele zu entwickeln. Das ist ein schönes und ein gutes Streben. Aber auf der andern Seite soll auch betont werden, daß damit parallel gehen muß, daß es notwendig ist, daneben die physischen Gedankenkräfte, diejenigen Erkenntnisfähigkeiten, die uns zunächst hier gegeben sind auf dem physischen Plan, zu schulen, wenn dies auch unbequem ist, damit wir imstande sind, uns scharfe Vorstellungen und scharfe Begriffe zu machen von dem, was uns mitgeteilt wird aus den höheren Welten. Man könnte sehr leicht glauben, daß der geringste Grad des Hellsehens besser sei als noch so viel Hören durch vernünftiges Begreifen von den Tatsachen der höheren Welten. Es könnte jemand sagen: Ich weiß gar nicht, warum ich in dieser Gesellschaft bin. Da werden immer Dinge der höheren Welten erzählt; das ist ganz schön, aber mir wäre es lieber, wenn ich auch nur ein klein, klein wenig sehen könnte durch hellsichtiges Schauen.

Ich kenne einen sehr gelehrten Theosophen, der seine inbrünstige Sehnsucht, auch einmal hinauszukommen über die bloße Gelehrsamkeit zum Sehen, damit ausgesprochen hat, daß er sagte: Wenn ich auch nur einmal in der Lage wäre, das Ende des Schwänzchens eines Elementarwesens zu sehen! – Gewiß, es ist das begreiflich. Man kann es durchaus verstehen, daß jemand so sagt. Dieser Theosoph würde ja niemals sagen, daß er die Erkenntnisse der spirituellen Wahrheiten dafür hingeben würde. Aber auch das kann vorkommen, daß einer sie hingeben würde, wenn er dafür auch nur ein wenig Hellsehen eintauschen könnte. Und dennoch, wenn jemand eine solche Empfindung hat, so ist sie ungeheuer irrtümlich, und zwar in jeder Beziehung irrtümlich. Denn wir leben in der Zeit, welche in der Entwickelung der Gesamtheit das Zeitalter des bewußten Denkens ist. Wie oft betont worden ist, bildete das altindische Zeitalter noch eine ganz andere Art des Bewußtseins aus, die an dämmerhaftes, dumpfes Hellsehen erinnert. Nach und nach erst haben sich die heutigen Fähigkeiten entwickelt und erst wir haben mit der eigentlichen Entwickelung der Bewußtseinsseele das menschliche Denken in den Kreis der Erdenentwickelung hereinbekommen. Deshalb muß es auch heute geschehen, daß die Geisteswissenschaft heruntergeholt wird aus der übersinnlichen Welt und daß sie appelliert an das vernünftige Denken des Menschen.

Wir müssen uns einmal den folgenden Unterschied klarmachen: Bei einem bloß visionären Hellsehen braucht jemand kein besonderer Denker zu sein. Sein Denken kann sehr primitiv sein und er kann doch verhältnismäßig weit sein in bezug auf das Sehen auf dem astralischen und, bis zu einem gewissen Grade, sogar devachanischen Plane. Er kann also da ziemlich weit sein, er kann vieles sehen. Der andere mögliche Fall ist, daß jemand sehr, sehr viel weiß von spirituellen Wahrheiten und noch gar nichts sieht, überhaupt nicht in der Lage ist, irgend etwas, wie gesagt auch nur das Ende des Schwänzchens eines Elementarwesens zu sehen. Auch das kann der Fall sein. Nun fragen wir uns einmal: Wie verhalten sich eigentlich diese verschiedenen Fähigkeiten der menschlichen Seele zueinander?

Da müssen wir vor allen Dingen betonen, daß man nicht verwechseln darf: Etwas haben, und sich dessen, was man hat, bewußt sein. Das ist ungeheuer wichtig, daß man das ins Auge faßt. Sie werden diese Frage richtig verstehen, wenn wir sie etwas anders stellen. Sehen Sie, Sie alle waren einmal hellsehend in uralten Zeiten. Denn alle Menschen waren hellsehend, und zwar gab es Zeiten, in denen die Menschen zurückgesehen haben weit, weit in der Zeitenwende. Und nun können Sie fragen: Ja, warum erinnern wir uns nicht an unsere früheren Inkarnationen, wenn wir doch schon in der Zeitenwende rückwärtsschauen konnten?

Das müßte Ihnen ein Beweis sein für die eine Tatsache, daß es Ihnen gar nichts geholfen hat für diese Fähigkeit, zum Beispiel sich nun zurückzuerinnern, daß Sie früher in Ihre Inkarnationen zurückschauen konnten. Und Sie könnten die Frage aufwerfen: Nützt es uns also zunächst eigentlich etwas für eine folgende Inkarnation, wenn wir jetzt visionär hellsehend werden, für die Rückerinnerung? – Die eine Tatsache können Sie sich ja schon vor Augen halten: daß das alte Hellsehen nichts nützt für das Zurückschauen heute, denn das haben Sie alle gehabt. Warum erinnern sich heute so viele Menschen nicht an ihre vorhergehenden Inkarnationen? Die Frage ist außerordentlich wichtig. Es erinnern sich so viele nicht an ihre früheren Inkarnationen, obwohl sie in höherem oder geringerem Maße hellsichtig waren in früheren Zeiten, weil sie damals nicht ausgebildet hatten diejenigen Fähigkeiten, die gerade die Fähigkeiten des Selbstes, des Ichs sind. Denn nicht darum handelt es sich, daß man hellseherische Fähigkeiten ausgebildet hat, sondern daß man dasjenige, was gesehen werden soll, wirklich schon ausgebildet hat.

Wenn nun die Menschen früher noch so hellsichtig gewesen sind und nicht dafür gesorgt haben, gerade diejenigen Fähigkeiten auszubilden, welche die Fähigkeiten des Ichs sind, nämlich die Fähigkeit des Denkens, des Unterscheidungsvermögens, dasjenige, was die besondern Fähigkeiten des menschlichen Selbstes auf dieser Erde sind, so war ja das Ich nicht da in den vorhergehenden Inkarnationen. Es war die Selbstheit nicht da. Woran soll man sich dann erinnern? Man muß in der vorhergehenden Inkarnation dafür sorgen, daß ein in sich geschlossenes Ich da war. Darauf kommt es an! So daß also heute nur diejenigen Menschen sich an frühere Inkarnationen erinnern können, die in diesen früheren Inkarnationen gearbeitet haben mit den Mitteln des Denkens, der Logik, des Unterscheidungsvermögens. Diese können sich erinnern. Es kann also bei jemandem das Hellsehen noch so sehr ausgebildet werden: wenn er nicht in früheren Inkarnationen gearbeitet hat mit den Mitteln des Unterscheidungsvermögens, des logischen Denkens, dann kann er sich an eine frühere Inkarnation nicht erinnern. Damals hat er nicht hingesetzt die Marke, an die er sich erinnern soll. Da werden Sie sehen, daß man eigentlich, wenn man Anthroposophie versteht, sich überlegen sollte, daß man nicht schnell genug herangehen kann, diese Fähigkeiten gerade des gründlichen Denkens sich zu erobern.

Nun könnten Sie sagen: Wenn ich hellseherisch werde, dann werde ich mir diese Fähigkeit des logischen Denkens schon von selbst erobern. – Das ist nicht richtig. Warum haben die Götter überhaupt Menschen entstehen lassen? Aus dem Grunde, weil sie nur in Menschen Fähigkeiten entwickeln konnten, die sie sonst überhaupt nicht hätten entwickeln können: die Fähigkeit zu denken, in Gedanken sich etwas vorzustellen, so daß diese Gedanken an Unterscheidungen gebunden sind. Diese Fähigkeit kann erst auf unserer Erde ausgebildet werden; sie war früher überhaupt nicht da, sie mußte erst dadurch kommen, daß eben Menschen entstanden sind.

Wenn wir einen Vergleich gebrauchen wollen, so können wir sagen: Nehmen wir an, Sie haben ein Samenkorn, einen Weizensamen etwa. Wenn Sie ihn noch so lange anschauen, da wird kein Weizen daraus. Sie müssen ihn in die Erde hineinlegen und ihn wachsen lassen, die Kräfte des Wachstums auf ihn wirken lassen. Das, was die göttlich-geistigen Wesenheiten vor der Bildung des Menschen gehabt haben, läßt sich dem Weizensamen vergleichen. Sollte der in Form von Gedanken aufgehen, dann mußte er erst auf dem physischen Plan durch Menschen gepflegt werden. Es gibt keine andere Möglichkeit, Gedanken zu züchten von den höheren Welten herunter, als sie in Menscheninkarnationen aufgehen zu lassen. So daß dasjenige, was Menschen hier auf dem physischen Plane denken, ein Einzigartiges ist und zu dem hinzukommen muß, was in den höheren Welten möglich ist. Der Mensch war tatsächlich notwendig, sonst hätten ihn die Götter nicht entstehen lassen.

Die Götter haben den Menschen entstehen lassen, um das, was sie gehabt haben, auch noch in der Form des Gedankens durch den Menschen zu erhalten. So also würde überhaupt das, was aus den höheren Welten herunterkommt, nie die Form des Gedankens bekommen, wenn der Mensch ihm nicht diese Form des Gedankens geben könnte. Und wer nicht denken will auf der Erde, der entzieht den Göttern das, worauf sie gerechnet haben, und kann also das, was eigentlich Menschenaufgabe und Menschenbestimmung ist auf der Erde, gar nicht erreichen. Er kann es nur erreichen in derjenigen Inkarnation, wo er sich darauf einläßt, wirklich denkerisch zu arbeiten.

Wenn man sich das überlegt, so folgt alles andere daraus. Was Offenbarungen, wirkliche Tatsachen gibt über die geistige Welt, das kann in der mannigfaltigsten Weise in die Menschenseele einziehen. Gewiß ist es möglich und in zahlreichen Fällen heute wirklich so, daß die Menschen zu einem visionären Sehen kommen, ohne scharfe Denker zu sein – viel mehr Leute kommen zum Hellsehen, die keine scharfen Denker sind, als scharfe Denker –, aber es ist ein großer Unterschied zwischen den Erfahrungen in der geistigen Welt derjenigen, die scharfe Denker sind, und derjenigen, die keine scharfen Denker sind. Es ist ein Unterschied, den ich so ausdrücken kann: Was sich aus den höheren Welten offenbart, das prägt sich am allerbesten ein in diejenigen Formen des Vorstellens, die wir als Gedanken diesen höheren Welten entgegenbringen; das ist das beste Gefäß.

Wenn wir nun keine Denker sind, dann müssen sich die Offenbarungen andere Formen suchen, zum Beispiel die Form des Bildes, die Form des Sinnbildes. Das ist die häufigste Art, wie derjenige, der Nichtdenker ist, die Offenbarungen erhält. Und Sie können dann von solchen, die visionäre Hellseher sind, ohne daß sie zugleich Denker sind, hören, wie von ihnen in Sinnbildern die Offenbarungen erzählt werden. Diese sind ja ganz schön, aber wir müssen uns zu gleicher Zeit bewußt sein, daß das subjektive Erlebnis ein anderes ist, ob Sie als Denker Offenbarungen haben oder als Nichtdenker. Wenn Sie als Nichtdenker Offenbarungen haben, so ist das Sinnbild da; es steht da diese oder jene Figur. Das offenbart sich aus der geistigen Welt heraus. Sagen wir, Sie sehen eine Engelgestalt, dieses oder jenes Symbolum, das dieses oder jenes ausdrückt, meinetwillen ein Kreuz, eine Monstranz, einen Kelch – das ist da im übersinnlichen Felde, das sehen Sie als fertiges Bild. Sie sind sich klar: Das ist keine Wirklichkeit, aber es ist ein Bild.

In etwas anderer Weise werden schon für das subjektive Bewußtsein die Erfahrungen aus der geistigen Welt für den Denker erlebt, nicht ganz so wie bei dem Nichtdenker. Da stehen sie nicht sozusagen auf einmal gegeben da, wie aus der Pistole heraus geschossen; da haben Sie sie anders vor sich. Nehmen Sie, ich will sagen, einen nichtdenkenden visionären Hellseher und einen denkenden. Der nichtdenkende visionäre Hellseher und der denkende visionäre Hellseher würden beide dieselben Erfahrungen empfangen. Wollen wir einen bestimmten Fall setzen: Der nichtdenkende visionäre Hellseher sieht diese oder jene Erscheinung der geistigen Welt, der denkende visionäre Hellseher sieht sie noch nicht, sondern etwas später, und in dem Momente, wo er sie sieht, da war sie bereits erfaßt von seinem Denken. Da kann er sie schon unterscheiden, er kann schon wissen, ob sie Wahrheit oder Unwahrheit ist. Er sieht sie etwas später. Es tritt ihm aber, indem er sie etwas später sieht, die Erscheinung aus der geistigen Welt so entgegen, daß er sie gedankendurchdrungen hat und unterscheiden kann, ob sie Täuschung oder Wirklichkeit ist, so daß er sozusagen früher etwas hat, bevor er es sieht. Er hat es natürlich im selben Momente wie der nichtdenkende visionäre Hellseher, aber er sieht es etwas später. Dann aber, wenn er es sieht, dann ist die Erscheinung schon mit dem Urteil, mit dem Gedanken durchsetzt, und er kann genau wissen, ob sie ein Scheinbild ist, ob da seine eigenen Wünsche objektiviert sind, oder ob sie objektive Realität ist. Das ist der Unterschied im subjektiven Erlebnis. Der nichtdenkende visionäre Hellseher sieht die Erscheinung sogleich, der denkende etwas später. Dafür aber wird sie auch beim ersteren so bleiben, wie er sie sieht, er kann sie so beschreiben. Der Denker aber wird sie ganz einreihen können in das, was dann in der gewöhnlichen physischen Welt ist. Er wird sie in Beziehung bringen können zu dieser. Die physische Welt ist eben auch, wie jene Erscheinung, eine Offenbarung aus der geistigen Welt.

Daraus sehen Sie schon, daß Sie dadurch, daß Sie ausgerüstet mit dem Instrument des Denkens an die geistige Welt herangehen, Sicherheit haben in der Beurteilung dessen, was Ihnen gegeben wird. Nun aber kommt noch hinzu: Man könnte über den Wert von Mitteilungen aus der geistigen Welt streiten, wenn man die entsprechenden Erscheinungen nicht selber gesehen hat. Setzen wir zu den zweien, die wir einander gegenübergestellt haben, einen dritten hinzu, der nun gar kein Hellseher ist, sondern dem nur mitgeteilt werden die Ergebnisse der geistigen Forschung, insofern sie auf dem Wege des scharfen Denkens im Verein mit dem visionären Sehen gewonnen werden. Er nimmt sie und begreift sie als vernünftig. Ja, es sind Tatsachen aus der geistigen Welt. Der visionäre, denkende Seher hat sie und ein jeder hat sie, der sie vernünftigerweise begriffen hat, wenn er sich dessen auch nicht bewußt ist. Sie brauchen lange nicht hellsichtig zu sein und haben dennoch den vollen Wert dessen, was Sie als Mitteilungen empfangen, in sich.

Es ist ein Unterschied zwischen dem, etwas zu haben, und sich dessen bewußt zu sein, was man hat. Man kann sich daran sehr leicht das Verhältnis eines solchen nicht sehenden Geistesschülers zum hellsichtigen klarmachen. Denken Sie, Sie hätten eine Erbschaft gemacht, hätten aber noch nichts davon erfahren. Wenn dies der Fall wäre, wenn Sie die Erbschaft gemacht hätten, Ihnen aber noch nichts bekannt wäre, so hat sie auch schon heute den richtigen Wert für Sie. Sie können es erst später erfahren, daß

Sie heute diese Erbschaft gemacht haben, Sie besitzen sie aber trotzdem. So ist es auch mit demjenigen, der durch die Anthroposophie Tatsachen der geistigen Welt erfährt. Er hat sie, wenn er sie vernünftigerweise begriffen hat, er besitzt sie und kann nun abwarten die Zeit, wo er sich ihrer bewußt wird. Das ist aber eben etwas, was durchaus nicht gleichbedeutend ist mit dem Besitz der Tatsachen. Insbesondere zeigt sich das nach dem Tode. Was nützt eigentlich – wenn wir dieses triviale Wort anwenden wollen, um uns die Sache zu verdeutlichen –, was nützt dem Menschen mehr nach dem Tode: wenn er ohne Gedanken visionär irgend etwas sieht, oder wenn er rein spirituelle Mitteilungen, ohne visionär zu schauen, empfängt?

Da könnte man sehr leicht glauben, das visionäre Sehen sei eine bessere Vorbereitung für den Tod als das bloße Hören der Tatsachen der geistigen Welt. Und dennoch! Nach dem Tode nützt es dem Menschen recht wenig, was er bloß visionär gesehen hat. Ist dagegen eine Tatsache da, fängt er sofort an, sich dessen bewußt zu werden, was er an Mitteilungen darüber empfangen hat, wenn er diese vernünftigerweise begriffen hat. Gerade das hat den Wert nach dem Tode: was man verstanden hat, gleichgültig, ob es geschaut ist oder nicht. Und nehmen Sie den tiefsten Eingeweihten: durch sein Hellsehen kann er die ganze geistige Welt schauen, aber das erhöht seine Bedeutung nach dem Tode nicht, wenn er nicht in menschlichen Begriffen diese Tatsachen auszudrükken imstande ist. Nach dem Tode helfen ihm nur diejenigen Dinge, die er hier als Begriffe hat. Das sind die Samenkörner für das Leben nach dem Tode. Natürlich, wer visionärer Hellseher ist und Denker, der kann es nutzbringend machen, was er visionär sieht. Aber zwei nichtdenkerische Menschen, von denen der eine hellsichtig ist und der andere nur hört, was dieser sieht, sind nach dem Tode in genau derselben Lage; denn das, was wir mitbringen in das Leben nach dem Tode, das ist dasjenige, was wir uns hier erwerben mit Hilfe des scharfen Denkens. Das geht auf als ein Samen, nicht das, was wir herausholen aus den Welten, wo wir hineingehen. Wir bekommen das, was wir aus den höheren Welten empfangen, nicht als ein freies Geschenk, damit wir es dann bequemer haben, wenn wir den physischen Plan verlassen, sondern dazu, daß wir es hier in die Münze dieser Erde umsetzen. So viel wie wir in die Münze dieser Erde umgesetzt haben, so viel hilft uns nach dem Tode. Das ist das Wesentliche.

So ist es in bezug auf das Verhältnis nach dem Tode. Aber auch hier auf dem physischen Plan ist das Verhältnis ein anderes beim visionären Hellseher und bei dem denkenden visionären Hellseher. Gewiß ist es interessant und schön, hineinzusehen in die geistigen Welten; aber es ist trotzdem ein Unterschied, diese geistigen Welten bloß visionär zu sehen, abgesehen davon, daß man, ohne diese Dinge denkerisch zu durchschauen, niemals vor Täuschungen bewahrt bleibt. Es gibt kein anderes Mittel gegen Täuschungen, als das Geschaute erst klar zu denken. Aber selbst abgesehen davon: Nehmen wir an, es habe ein visionärer Hellseher dieses oder jenes geschaut – so wie er es schaut, das können Sie seinen Schilderungen entnehmen –, so ist es doch durchdrungen von Elementen des physischen Planes. Oder hat Ihnen irgendeiner einen Engel beschrieben, der nicht durchdrungen gewesen wäre von Elementen des physischen Planes? Er hat Flügel gehabt, Flügel haben aber die Vögel auch. Er hat einen menschlichen Oberleib gehabt, einen menschlichen Oberleib hat aber auch jeder Mensch auf dem physischen Plan. Gewiß, wie die Dinge zusammengesetzt sind, von denen der visionäre Hellseher erzählt, das ist nicht auf dem physischen Plan vorhanden; aber die Elemente dazu sind auf dem physischen Plan vorhanden. Die Bilder sind durchaus aus Elementen des physischen Planes zusammengesetzt. Das ist nicht unberechtigt. Aber Sie können daraus doch entnehmen, daß ein solches Bild einen Erdenrest hat. Was Sie da in Formen, in Bildern, die dem physischen Plan entnommen sind, an Ihren Schauungen haben, das gehört nicht der geistigen Welt an, das ist nur Versinnbildlichung der geistigen Welt mit Mitteln der physischen Welt. Ich habe das klar auseinandergesetzt in der *Geheimwissenschaft im Umriß*. Ich habe da auseinandergesetzt, daß das wirklich für das heutige Hellsehen bis zu dem Punkte gehen muß, daß es zwar zuerst zu seiner Vorentwickelung seine Bildhaftigkeit hat, daß es aber nicht stehenbleiben darf dabei, sondern vorrücken muß bis zu dem

Punkte, wo auch der letzte Erdenrest von dem, was geschaut wird, abgeworfen wird. Dann ist allerdings eine gewisse Gefahr vorhanden für den Hellseher, wenn er alle Erdenreste abstreift. Wenn er da zum Beispiel den Engel sieht und alles Irdische abstreift, so ist die Gefahr vorhanden, daß er dann nichts mehr sieht. Wenn er das wegläßt, was hinaufgetragen worden ist an Sinnbildlichkeit, dann besteht die Gefahr, daß er nichts mehr sieht. Was einen dann bewahrt, die Sache ganz zu verlieren, wenn man wirklich in die geistige Welt kommt, das ist der Same, der aus dem Denken aufgehen kann. Die Gedanken geben dann die Substanz her, das, was da ist in der geistigen Welt, zu ergreifen. Dadurch erhalten wir die Fähigkeit, wirklich in der geistigen Welt zu leben, daß wir das ergreifen in unserer sinnlichen Welt, was nicht mehr von Elementen der Sinnlichkeit durchsetzt ist und doch hier auf dem physischen Plane ist. Das sind einzig und allein die Gedanken. Wir dürfen nichts mitbringen in die geistige Welt als lediglich die Gedanken; von einem Kreis zum Beispiel nichts von der Kreide, sondern lediglich die Gedanken von dem Kreise. Mit diesen können Sie aufsteigen in die geistigen Welten. Von dem Bilde dürfen Sie nichts mitbringen.

Jetzt kann ich den früher erwähnten subjektiven Vorgang noch genauer beschreiben. Nehmen wir noch einmal den Fall an, daß irgend etwas, sagen wir meinetwillen eine Monstranz, gesehen wird in dem geistigen Felde. Nun will ich die beiden Hellseher, den bloß visionären und den denkerischen, so charakterisieren, daß ich annehme, der eine sieht es hier, *a*, der andere, der denkerische Hellseher, erst hier, *b*.

a ——————— *b*

Von jetzt ab ist es ihm erst bewußt. Er bekommt es aber dadurch zugleich mit den Gedanken und kann es mit Gedanken durchdringen. In dem Moment allerdings, wo der denkerische Hellseher das Gebilde durchsetzt mit Gedanken, da wird es undeutlich für den visionären Hellseher, da wird es ihm schwarz und undeutlich – hier, *b*, an dieser Stelle. Es tritt erst nach einiger Zeit wieder auf. Gerade wo der Gedanke sich mit dem Gebilde verbinden kann, da wird es undeutlich für den visionären Hellseher. Er ist eigentlich niemals imstande, den Gedanken damit zu verbinden. Deshalb hat er niemals das Erlebnis: Du bist mit deinem Ich dabeigewesen. – Dieses Erlebnis ist etwas, was dem bloß visionären Hellseher fehlt.

Das alles ist etwas, was sozusagen intimer auf die Sache eingeht und was ungeheuer wichtig ist zu bedenken, was einen darauf führen muß, daß man es wirklich nötig hat, sein Denken auszubilden, die Bequemlichkeit zu überwinden, die darin liegt, daß man sich eben nicht ein erkennendes Wissen aneignen will. Es ist tausendmal besser, die spirituellen Vorstellungen erst denkerisch erfaßt zu haben und dann, je nach seinem Karma später oder früher, selber hinaufsteigen zu können in die geistigen Welten, als zunächst zu sehen und nicht denkerisch erfaßt zu haben, was mitgeteilt wird in der Bewegung, die man die anthroposophische nennt. Tausendmal besser ist es, Geisteswissenschaft zu kennen und noch nichts zu sehen, als etwas zu sehen und nicht die Möglichkeit zu haben, die Dinge auch denkerisch zu durchdringen, weil dadurch Unsicherheit in die Sache hineinkommt.

Sie können aber die Sache noch präziser zum Ausdruck bringen, indem Sie sagen: Es gibt in der Gegenwart scharfe Denker, die können vernünftigerweise die geisteswissenschaftliche Weltanschauung einsehen. Warum kommen manchmal gerade diese so schwer zum Hellsehen? – Verhältnismäßig leicht wird es gerade denen, die nicht scharfe Denker sind, zum visionären Hellsehen zu kommen, und sie werden dann leicht hochmütig gegenüber dem Denken, während es schwierig ist für die scharfen Denker, zur Hellsichtigkeit zu kommen. Da ist haarscharf die Klippe vorhanden, wo ein gewisser maskierter Hochmut sich geltend macht. Es gibt ja kaum etwas, was den Hochmut so sehr züchtet, wie ein nicht von Gedanken erhelltes Hellsehen, und es ist deshalb so besonders gefährlich, weil der Betreffende in der Regel gar nicht weiß, daß er hochmütig ist, sondern sich sogar für demütig hält. Er weiß gar nicht zu beurteilen, was für ein ungeheurer Hochmut dazu gehört, die denkerische Arbeit der Menschen gering zu achten und auf gewisse Eingebungen den

Hauptwert zu legen. Es steckt darin ein maskierter Hochmut, der ungeheuerlich ist.

Die Frage ist nun diese: Warum ist es – was ja die Erfahrung lehrt – gerade manchem Denker so ungeheuer schwierig, es dahin zu bringen, nun auch hellsichtig zu werden? – Das hängt zusammen mit einer wichtigen Tatsache. Was man menschliche Unterscheidungskraft, Urteilskraft nennt, was der Denker gerade ausbildet, das logische Denken, das bewirkt nämlich eine ganz bestimmte Änderung des ganzen Gehirnbaues. Das physische Instrument wird umgeändert durch scharfes Denken. Die physische Forschung weiß zwar wenig davon, aber es ist so; es schaut ein physisches Gehirn anders aus, das ein Denker benützt hat, als eines, das einem Nichtdenker angehörte. Daß einer hellseherisch ist, ändert es nicht viel. Bei einem, der nicht denkt, finden Sie das Gehirn in sehr komplizierten Windungen, beim scharfen Denker dagegen verhältnismäßig einfach, ohne besondere Komplikationen. Gerade in der Vereinfachung der Gehirnwindungen drückt sich das Denken aus. Davon weiß die heutige Forschung nichts.

Scharfes Denken ist das, was überschauen kann, nicht, was sich im Analysieren betätigt. Daher die größere Einfachheit der Gehirnwindungen beim scharfen Denker. Wo die physische Forschung irgendwie nur sich herbeiläßt, bloß einmal das scharfe Denken, das für physische Verhältnisse gilt, zu prüfen, da zeigt sich sehr bald, daß die physische Forschung bestätigt, was die Geisteswissenschaft behauptet. Die Untersuchung des Gehirns von Mendelejew,[6] dem die Wissenschaft die Aufstellung des periodischen Systems der Elemente verdankt, bewahrheitet, was die Geisteswissenschaft sagt: seine Gehirnwindungen waren einfacher. Bei ihm war in gewissen Grenzen ein umfassendes Denken da, und da ergab auch die physische Untersuchung durchaus die Wahrheit dessen, was ich gesagt habe. Das ist nicht von besonderem Wert, das sei nur nebenbei erwähnt. Also, wie gesagt, es ist eine Veränderung des Werkzeuges des Denkens da. Diese Veränderung muß die Tätigkeit des Denkens selber herbeirufen. Es wird ja keiner geboren mit all den Fähigkeiten, die er später hat, vielleicht mit den Anlagen dazu; aber die Fähigkeiten muß er erst ausbilden, so daß tatsächlich mit dem Gehirn während des Lebens eine Veränderung vorgeht. Es ist das Werkzeug des Denkens anders geworden nach dem denkerischen Leben, als es vorher gewesen war.

Die Sache ist nun diese, daß unser Ätherleib, den wir für das hellseherische Bewußtsein loskriegen müssen von unserem physischen Gehirn, durch diese denkerische Betätigung gekettet wird an das physische Gehirn. Diese Arbeit des Denkens kettet, verbindet den Ätherleib stark mit dem Gehirn. Hat einer durch sein Karma noch nicht die Kräfte, ihn wieder loszukriegen zur rechten Zeit, dann kann es sein, daß er in dieser Inkarnation nichts Besonderes auf hellseherischem Gebiete erreichen kann. Nehmen wir an, er habe das Karma, in einer früheren

Inkarnation ein scharfer Denker gewesen zu sein. Dann wird das Denken jetzt nicht so stark den Ätherleib mit dem Gehirn engagieren, und er wird verhältnismäßig leicht den Ätherleib bald loskriegen und kann gerade dadurch, daß die denkerischen Elemente die besten Samen sind für das Aufsteigen in die höheren Welten, in feinster Weise die Geheimnisse der höheren Welten erforschen. Er muß natürlich erst wieder loskriegen den Ätherleib von dem Gehirn. Wenn der Ätherleib aber sich so verfangen hat im physischen Gehirn beim Hineinziselieren der denkerischen Tätigkeit, daß er erschöpft ist, dann kann ihn sein Karma vielleicht lange warten lassen, bis er ihn wieder loskriegt. Wenn er aber dann aufsteigt, dann ist er durchgeschritten durch den Punkt des logischen Denkens. Dann ist das unverloren, dann kann ihm niemand wegnehmen, was er sich errungen hat, und das ist ungeheuer wichtig, weil die Hellsichtigkeit sonst immer wieder verlorengehen kann. Ich mache noch einmal darauf aufmerksam, daß Sie alle hellsichtig waren in früheren Zeiten.

Warum besitzen Sie die Fähigkeit des Hellsehens jetzt nicht mehr? Weil Sie dazumal nicht mit dem Erdendasein verknüpft und verbunden waren, weil Sie entrückt waren in die geistige Welt, weil Sie diese nicht heruntergeholt haben bis zu Ihren Fähigkeiten, weil das visionäre Hellsehen auf einer Entrücktheit beruhte.

Das ist, was wir ins Auge fassen müssen. Diese Feinheiten muß man sich in die Seele schreiben. Man muß sich klar sein darüber, daß eine wirkliche Geheimwissenschaft heute die Aufgabe hat, diejenigen Ergebnisse der geistigen Forschung mitzuteilen, die mit dem denkerischen Gehalt durchdrungen sind, so daß man immer die Ergebnisse der hellseherischen Forschung so einkleidet, daß der nicht hellseherische Mensch sie durch sein Denken begreifen kann. Dazu müssen sie aber erst mit dem Gedanken verbunden sein. Daher die Schwierigkeit alten Büchern gegenüber, in denen von Erscheinungen der höheren Welten die Rede ist. Wenn Sie solche alte Bücher hernehmen, so werden Sie überall – wenn Sie mit der Gepflogenheit der heutigen Geisteswissenschaft herantreten – einen Mangel empfinden. Es sind vielleicht großartige Mitteilungen, die Sie in diesen alten Büchern finden, aber es kann der heutige Mensch mit ihnen, wenn er nicht selber Hellseher ist und die Sache richtigstellen kann, nicht viel anfangen, während mit dem, was heute Geisteswissenschaft darbietet, jeder, der sich bemüht, etwas anfangen kann, weil er es durchdringen kann mit dem, was er auf dem physischen Plan an Gedankenelementen gewinnen kann. Denn mit denselben Begriffen wird das erfaßt, was in der geistigen Welt ist und was in der physischen Welt ist. Die heutige Naturwissenschaft redet von Entwikkelung und die Geisteswissenschaft redet von Entwickelung. Haben Sie den Begriff der Entwickelung erfaßt, so können Sie verstehen, was in der Geisteswissenschaft mitgeteilt wird. Sie können sich von Karma einen Begriff verschaffen, weil Sie sich ein denkerisches Bild davon verschaffen können. Freilich, wenn Sie einfach sagen, wie dies manche Theosophen tun: Jede geistige Ursache hat eine geistige Wirkung und dies ist Karma –, dann haben Sie keinen Begriff von Karma. Bei einer Billardkugel können Sie auch das Gesetz von Ursache und Wirkung sehen, aber da haben Sie nicht den richtigen Vergleich mit Karma. Nehmen Sie dagegen einmal eine Kugel aus Eisen und werfen Sie diese in ein Gefäß mit Wasser. Wenn die Kugel kalt ist, so bleibt das Wasser, wie es ist. Wenn Sie aber die Kugel heiß machen und dann hineinwerfen, dann wird das Wasser warm. Infolge des Ereignisses, das mit der Kugel geschehen ist, wird das Wasser warm. Das läßt sich mit dem Karma vergleichen, wenn ein späteres Ereignis die Folge ist eines früheren Geschehnisses.

So also müssen wir uns durchaus klar sein darüber, daß jeder, der mit dem Gedanken durchdringt die Tatsachen der geistigen Welt, sie auch mitteilen kann in solcher Weise, daß derjenige, der die Gedanken hier auf dem physischen Plane gewonnen hat, dieselben Gedanken anwenden kann auf das, was mitgeteilt wird aus den geistigen Welten. Dann kann er das begreifen. Das soll sich jeder zu Gemüte führen. Jeder soll verstehen, daß es nicht darauf ankommt, Mitteilungen aus den höheren Welten zu bekommen, sondern es kommt darauf an, daß man sie bekommt auf eine Art, die unseren irdischen Verhältnissen entspricht. Jeder sollte darauf achtgeben, daß er die Mitteilungen aus den höheren Welten nicht anders bekommt. Freilich ist die Bequemlichkeit da, einfach zu glauben, was mitgeteilt wird. Das ist aber von großem Übel. Denn, nicht wahr, wenn jemand glauben will, so ist das ungefähr so, wie wenn er sich erzählen lassen will, daß es ein Licht gibt, während er doch das Licht braucht, um ein Zimmer zu beleuchten. Da muß er das Licht haben, da hilft der bloße Glaube nichts. So ist es wichtig, daß man zunächst die Form ergreift, die Form des gewissenhaften, gründlichen Nachdenkens, um durch diese Form zuerst zu empfangen die Mitteilungen aus der geistigen Welt. Erforscht werden können sie nur, wenn man die Fähigkeit des Hellsehens besitzt, aber begreifen kann sie jeder, wenn sie erforscht sind, der sie in richtiger Weise empfängt.

Wenn man so denkt, dann werden alle die Gefahren, die wirklich sonst verknüpft sind mit dem, was man anthroposophische Bewegung nennt, mehr oder weniger dadurch beseitigt sein. Die Gefahren treten aber sofort ein, wenn Leute hellseherische Fähigkeiten entwickeln und nicht darauf halten, zu gleicher Zeit ihr Denken und namentlich ihr Erkennen mit den Mitteln des Denkens zu bereichern.

Diese Gier haben viele, nur ja etwas zu erhaschen aus der geistigen Welt und nicht sorgfältig wirklich erkennend vorzugehen mit dem, was auf dem physischen Plan erobert werden muß. Kein Gott kann die Welt in Gedanken erfassen, wenn er sich nicht auf dieser physischen Erde inkarniert. Er kann die Welt erfassen in anderer Form; aber um sie zu erfassen in dieser Form, da muß er sich auf dieser Erde inkarnieren. Das bedenkend, kann sich jeder klarmachen, daß es mit gewissen Gefahren verbunden ist, Fähigkeiten in sich zu entwickeln, die man dann nicht richtig verwendet. Wer ein gewisses visionäres Hellsehen entwickelt und es nicht richtig [mit dem Denken] verwendet, der schneidet sich die Möglichkeit ab, die Welt damit zu überzeugen; wer nur auf dem astralischen Plan bleibt und seine Erfahrungen nicht herunterbekommt auf den physischen Plan, der setzt sich der Gefahr aus, daß ein Abgrund sich auftut zwischen seinen Visionen und dem physischen Plan.

Nehmen wir an, jemand habe ganz bedeutende Visionen, die dem astralischen Plane angehören. Diese seien meinetwillen ganz Wirklichkeit – sie können es ja auch beim nichtdenkenden visionären Hellseher sein –, aber nun tut sich zwischen ihm und demjenigen, was dem physischen Plan zugrunde liegt, ein Abgrund auf. Denken Sie sich einmal, dieses Handtuch wäre der physische Plan. Nun stünde der visionäre Hellseher davor; er sieht seine Vision. Hinter dem physischen Plan ist aber die eigentliche geistige Welt. Der physische Plan ist Maja. Diesen physischen Plan, den schafft derjenige, der visionärer Hellseher ist, nicht weg; der verschwindet erst für den, der ihn mit den Mitteln des Gedankens fortschafft. Da erst dringen Sie hinter den physischen Plan, so daß Sie das erst mit dem denkerischen Hellsehen verstehen. Der physische Plan ist da, aber Sie sehen die geistige Welt, die wirkliche geistige Welt nicht.

Da tut sich der Abgrund auf, da bleibt der physische Plan als Maja vorhanden. Und diese Unmöglichkeit, den physischen Plan zu durchdringen, beruht darauf, daß das Gehirn nicht dazu fähig ist, sich auszuschalten. Wenn Sie gelernt haben, richtig zu denken, so brauchen Sie zum Denken Ihr Gehirn nicht unmittelbar. Dasjenige, was Denken ist, das arbeitet am Gehirn, aber die denkerische Tätigkeit braucht das Gehirn nicht unmittelbar.

Es ist Unsinn, wenn jemand behaupten wollte: Das Gehirn denkt. – Ich ging einmal – es ist jetzt vielleicht fünfunddreißig Jahre her – mit einem jungen Manne, der damals studierte, auf der Straße, der damals auf dem besten Wege war, ganz Materialist zu werden. Der sagte: Nun ja, wenn er denke, da schwingen da drinnen die Gehirnatome; jeder bestimmte Gedanke habe eine bestimmte Form, und er beschrieb, daß das eigentlich Unsinn wäre, so etwas wie eine Seele vorauszusetzen, die da denke. Denn da denke das Gehirn. – Ich sagte ihm: Ja, sage mir einmal, warum bist du denn eigentlich so verlogen? Wenn das so ist, dann kannst du doch nicht sagen: *Ich* denke. Du mußt dann sagen: Mein Gehirn denkt. Du mußt dann auch sagen: Mein Gehirn ißt, mein Gehirn sieht die Sonne. Das wäre dann die Wahrheit. – Dann würde er bald sehen, welchen Unsinn er mit sich herumträgt.

Also das Gehirn ist es nicht, was denkt. Das kann man sich, wie gesagt, durch recht triviale Überlegungen klarmachen – wenn man nicht gerade ein recht moderner Materialist ist. Die denkerische Tätigkeit ist zunächst gar nicht darauf angewiesen, das Gehirn sozusagen als ihr Instrument zu gebrauchen. Wo der Gedanke rein wird, da ist das Gehirn nicht beteiligt. Bloß bei der Versinnbildlichung ist es beteiligt.

Wenn Sie sich einen Kreidekreis vorstellen, so geschieht dies nur durch das Gehirn; wenn Sie sich aber einen reinen, sinnbildlichkeitsfreien Kreis denken, so ist der [Begriff des] Kreis selber das Aktive, was das Gehirn erst formt. Dann aber, wenn der Mensch visionäres Hellsehen hat, so bleibt er in seinem Ätherleib und kommt gar nicht bis zum physischen Gehirn. Man kann das ganze Leben lang in visionärer Hellseherei leben. Dadurch wird das Gehirn nicht anders, dadurch wird der Ätherleib ausgearbeitet, aber nicht das Gehirn. Dadurch aber wiederum können Sie niemals diesen Abgrund durchdringen, niemals können Sie Maja wirklich durchdringen. Das können Sie nur, wenn Sie es mit den Gedanken durchdringen.

Wer verschmäht, denkerisch vorzugehen, der entwickelt Fähigkeiten, die sozusagen ihr Objekt nicht ergreifen, die nicht wirklich in die geistige Welt hineingreifen. Und die Folge ist, daß ein Mißverhältnis entsteht zwischen dem, was er in seinem Ätherleib fortwährend entwickelt, und dem, was er eigentlich als Mensch ist. Es entsteht ein vollständiges Mißverhältnis: es ist nicht angemessen sein Gehirn seinen hellseherischen Fähigkeiten. Das Gehirn ist grob, denn der Betreffende hat sich nicht Mühe gegeben, es durch Denken zu veredeln. Es bildet sich etwas, wodurch er nicht durch kann, was ihm ein Hindernis ist, mit seinen Visionen an die geistige Wirklichkeit heranzukommen. Er entfernt sich von der Wirklichkeit, statt sich ihr zu nähern. Dann ist jede Möglichkeit, zu entscheiden über die geistige Welt, ausgeschlossen. Ein solcher Mensch wird gewiß viel sehen können, aber niemals ist bei ihm eine Garantie vorhanden, daß das der Wirklichkeit entspricht. Entscheiden könnte nur derjenige, der unterscheiden kann zwischen bloßer Vision und Wirklichkeit. Unterscheiden kann eben nur das Unterscheidungsvermögen. Wenn man das nicht hat, kann man niemals unterscheiden eine bloße Vision von Wirklichkeit. Aber Unterscheidungsvermögen kann man sich nur erarbeiten durch Arbeiten auf dem physischen Plan. So schwebt man immer ohne Untergrund, wenn man die etwas mühsam zu erringende denkerische Arbeit verschmäht.

Das ist das, was man sich zu Gemüte führen muß. Dann können nicht die Dinge entstehen, die sonst so sehr leicht entstehen, die immer und immer wieder vorkommen können, daß Menschen dadurch, daß sie visionäres Hellsehen entwickeln, sich einen Damm aufrichten gegen die wirkliche Welt und dann in ihren Träumen leben. Das ist gleichbedeutend mit Sich-nicht-mehr-Auskennen in der physischen Welt, gleichbedeutend eben mit Nicht-vollständig-bei-seinen-Sinnen-Sein. Besonnenheit kann man sich erringen dadurch, daß man arbeitet da, wo diese Besonnenheit einzig und allein ausgebildet werden kann: durch das Denken des physischen Planes. Verschmäht man es, diese Besonnenheit sich anzueignen, so schwebt man in der Irre. Das ist, was wir uns aneignen müssen, sonst kommen all die Schäden, die notwendigerweise mit dem, was man die anthroposophische Bewegung nennt, verknüpft sein müssen. Wer nur blind glauben will, also alle Mitteilungen aus den höheren Welten auf die bloße Autorität eines andern hin ohne vernünftiges Denken annimmt, der tut etwas, was sehr bequem ist, aber es hat eine Gefahr in sich. Statt in sich die Sachen zu erarbeiten, statt aus sich heraus nachzudenken, nimmt man das Wissen eines andern, die Dinge, die ein anderer gesehen hat, in sich auf. Man verzichtet, denkerisch zu prüfen, was er mitteilt. Das erzeugt dasjenige, was durch die anthroposophische Bewegung an Schäden entstehen kann. Es darf sich natürlich dadurch niemand abschrecken lassen, sich ihr hinzugeben. Es kann vorkommen bei einem solch blindgläubigen Menschen, daß er sich verliert, daß er nicht mehr unterscheiden kann zwischen dem, was wahr ist und was Lüge ist.

Nichts kann so sehr die Lügenhaftigkeit züchten als ein gewisses bloß visionäres Hellsehen, das nicht am Gedanken sich aufrankt und kontrolliert wird. Und auf der andern Seite wird ein solches Hellsehen wiederum eine andere Eigenschaft noch züchten, nämlich eine gewisse Überhebung, einen gewissen Hochmut, der bis zum Größenwahn führen kann. Und er ist um so gefährlicher, weil er nicht bemerkt wird. Die Gefahr ist sehr groß, daß man sich deshalb für etwas Besseres hält, weil man diese oder jene Dinge sieht, die der andere nicht sieht. Und gewöhnlich weiß man dann gar nicht, wie tief das, was hart an Größenwahn grenzt, wie tief das eigentlich in der Seele sitzt. Es verbirgt sich in gewisser Weise und namentlich hinter dem, daß man mit unbedingter Sicherheit auf seine Visionen schwört und keine Einrede duldet, so daß man es erleben kann, daß die Leute das törichteste Zeug glauben, wenn es ihnen nur vom astralischen Plan aus gesagt wird. Es würde ihnen gar nicht einfallen, von einem Menschen des physischen Planes solche Dinge zu glauben, wenn er es ihnen sagte, aber sie glauben es mit sklavischer Gläubigkeit, wenn es ihnen vom astralischen Plan aus gesagt wird. Wer sich das abgewöhnt, der kann auch nicht auf jeden Schwindel und Humbug hereinfallen. Man fällt aber herein, wenn man nicht den Trieb in sich ausbildet, zu prüfen, und sobald man auf bequeme Weise sich eine Überzeugung verschaffen will. Man soll es sich nicht leicht machen. Man soll es in Betracht ziehen, daß es zu den heiligsten Angelegenheiten des Menschen gehört, sich eine Überzeugung zu verschaffen. Wenn man das in Betracht zieht, dann wird man keine Mühe scheuen, wirklich zu arbeiten, nicht bloß hinzuhorchen auf sensationelle Mitteilungen. An Mitteilungen aus der geistigen Welt heraus haben wir wirklich genug, sozusagen, aber es ist auch notwendig, daß man sich die richtige Gesinnung und die richtige Vorstellungsart aneignet, sich zu diesen Dingen entsprechend zu verhalten.

Das wollte ich heute einmal aussprechen. Ich wollte es nicht bloß ermahnend aussprechen, wie eine Predigt, sondern aussprechen mit allen Begründungen. Daher war es vielleicht an sich schon etwas schwerere Denkarbeit, da mitzudenken. Aber ich versuche ja immer, auch in meinen Methoden dasjenige einzuhalten, was man als das Richtige in der geisteswissenschaftlichen Bewegung verlangen kann. Viele wollen salbungsvolle Ermahnungen. Darauf verzichte ich. Ich versuche die Dinge so darzustellen, daß sie in wirkliche Gedankenformen sich kleiden können. Wenn man Dinge des physischen Planes erörtert, wie heute, dann ist das natürlich manchmal eine schwierige Denkarbeit, denn sie sind nicht so sensationell, auch nicht so angenehm wie Dinge der höheren Welten, aber doch ungeheuer wichtig. Sie werden die Wichtigkeit dieser Dinge nicht unterschätzen, wenn Sie sich sagen: Soll wirklich eintreten, was eintreten muß, daß nämlich in den nächsten Inkarnationen eine genügend große Anzahl von Menschen sich erinnert an die gegenwärtige Inkarnation, dann muß vorgesorgt werden. Bilden Sie also Ihre Urteilskraft aus, dann sind Sie Kandidaten des Sich-Erinnerns in der folgenden Inkarnation an die gegenwärtige. Sorgen Sie dafür, mit Gedanken die Welt verfolgen zu können. Denn, wenn Sie auch noch so viel sehen können in visionärer Art, so wird Ihnen das nichts helfen zu einer Rückerinnerung an die jetzige Inkarnation. Anthroposophie ist aber dazu da, jenes, was als Notwendigkeit eintreten muß, vorzubereiten: daß es eine genügend große Anzahl von Menschen gibt, die nun wirklich aus eigenem Wissen zurückschauen können auf diese Verkörperung.

Wie viele in dieser Inkarnation dazu kommen, das geisteswissenschaftliche Wissen zu begleiten mit hellseherischem Vermögen, das hängt ab von dem Karma des einzelnen. Viele sitzen gewiß hier, deren Karma so ist, daß sie in dieser Inkarnation nicht dazu kommen, hellseherisch die Welt zu durchschauen. Aber alle diejenigen, die sich aneignen das, was in der wirklichen Geisteswissenschaft so gegeben wird, daß es in die Formen des Denkens gekleidet wird, die werden in der nächsten Inkarnation die Früchte davon haben, denn sie haben sich angeeignet die Grundlagen dazu. Der Mensch kann sozusagen ein Hellseher sein, ohne daß er es weiß, und derjenige, der Geisteswissenschaft ordentlich studiert, *hat* das Sehen und kann dann warten, bis ihm sein Karma erlaubt, die Dinge auch zu schauen.

II.
DIE UMWANDLUNG MENSCHLICH-IRDISCHER KRÄFTE ZU KRÄFTEN HELLSEHERISCHER FORSCHUNG

Bergen, 11. Oktober 1913

Es kann mancherlei gefragt werden über das eine und das andere, wenn man allmählich herandringt an die geisteswissenschaftlichen Erkenntnisse; es kann in berechtigter Weise mancherlei gefragt werden. Wollen wir einmal heute einen Teil unserer Betrachtung damit ausfüllen, daß wir uns selbst solche Fragen vorlegen. Die Beantwortung solcher Fragen ist oftmals geeignet, uns tiefer hineinzuführen in den ganzen Zusammenhang der Welttatsachen, insofern die geistige Welt in diese Tatsachen hineinwirkt, und namentlich in den Zusammenhang der Tatsachen der menschlichen Natur selber. Eine Frage kann so aufgeworfen werden: Wenn man allmählich dazu kommt, die Wichtigkeit und die große Bedeutung der sogenannten Reinkarnation einzusehen, so kann man fragen: Ja, wie kommt es denn, daß der Mensch im gewöhnlichen Leben in unserer Gegenwart kein

Bewußtsein erlangen kann von den vorhergehenden Erdenleben? Das hellsichtige Bewußtsein kann ja in der Tat dazu dringen, gleichsam das Gedächtnis so weit auszudehnen, daß wirklich frühere Erdenleben wie eine Erinnerung im Gedächtnis auftauchen. Aber im gewöhnlichen Leben der heutigen Menschheit ist es ja so, daß ein Bewußtsein der früheren Erdenleben nicht vorhanden ist. Wenn man nun die Frage gleichsam vom Gesichtspunkt der hellsichtigen Forschung stellt, so bekommt sie die folgende Gestalt. Man ist sich ja klar, daß die Kraft, die man zur hellsichtigen Forschung braucht, eigentlich aus dem menschlichen Innern und seiner Seele selber hervorkommt. Man entwickelt sich von dem gewöhnlichen Standpunkt des Menschen zu dem hellsichtigen Standpunkt: daher müssen ja die Kräfte, mit denen man später zurückblicken kann auf vorhergehende Erdenleben, in jedem Menschen selbstverständlich vorhanden sein. Die Frage ist nun diese: Was geschieht denn mit diesen Kräften, was macht die menschliche Natur mit diesen Kräften, die da sind, die mit dem Menschen geboren werden und die er doch nicht dahin bringt, daß er zu einer Rückerinnerung an frühere Erdenleben kommt?

Wenn man hellsichtig die Frage untersucht, den Blick hinwendet auf diejenigen Kräfte, die da in Betracht kommen, so muß man die Betrachtung schon in ein sehr frühes Kindheitsalter lenken. Denn dann erst sieht man diese Kräfte, die beim Hellsehen verwendet werden können für den Rückblick in frühere

Erdenleben, an der Arbeit. Nämlich: Diese Kräfte werden für die heutige Menschheit verwendet zum Aufbau des menschlichen Kehlkopfes und alles dessen, was damit zusammenhängt. Sie werden namentlich verwendet zu all dem, was den menschlichen Kehlkopf später befähigt, die Sprache zu lernen. Die Kräfte sind also da in jedem Menschen, die ihn befähigen würden, zurückzublicken in frühere Erdenleben. Aber sie werden in einem solchen Maße heute dazu verwendet, die Sprachorgane beim Menschen auszubilden, daß unter normalen Verhältnissen der Mensch diese Rückerinnerung nicht haben kann. Allerdings gab es früher Erdenzeiten, in denen die Menschen diese Rückerinnerung wohl hatten. Fast über die ganze Erde hin hatten die Menschen diese Rückerinnerung in frühere Erdenleben. Aber das beruht darauf, daß nicht alle Kräfte, die zum Aufbau der Sprachorgane verwendet werden, für den Rückblick in frühere Erdenleben verlorengehen, weil beim Aufhau der Sprachorgane noch gewisse Kräfte zurückgehalten werden. Die Entwickelung der Menschheit ist ja so, daß die Sprache allmählich eine Gestaltung angenommen hat, die heute im gegenwärtigen Menschheitszyklus viel mehr Kräfte namentlich des Ätherleibes aufruft, als das in früheren Zeitaltern der Fall war. So kommt der Mensch der heutigen Zeit gar nicht dazu, dasjenige, was zurückbleibt als Kräfte, von denen der größte Teil zum Aufbau der Sprachorgane verwendet wird, zu berücksichtigen. Würde er das tun, wie es der Hellseher ja tun muß, so würde er in frühere Erdenleben zurückblicken. Daher kommt das, was ich auch im öffentlichen Vortrage über «Die Rätsel des Lebens»[7] angedeutet habe: Wenn man es dazu bringt, diejenige Tätigkeit des Ätherleibes zu entfalten, die sonst nur entfaltet wird in der Anstrengung der Sprachorgane, wenn man frei bekommt die Sprachkräfte von den Sprachorganen, wenn man dazu kommt, sich innerlich gewissermaßen zuhören zu können, ohne daß man äußerlich spricht, und dieses immer mehr und mehr fühlt, dann ist die Übung dieser Kräfte dazu geeignet, wirklich das Gedächtnis an frühere Erdenleben herzustellen. In der heutigen Menschheit ist es so, daß der Mensch gar keine Aufmerksamkeit verwendet auf die Kräfte seiner Sprachbildung, die zurückbleiben und die verwendet werden können zum Rückblick in frühere Erdenleben. Dies ist ein solcher Fall, wo man nachweisen kann durch die hellseherische Forschung, wohin die Kräfte kommen im normalen Leben, die sonst die Menschen zu Einblicken des geistigen Lebens befähigen würden.

So ist es auch mit den Kräften, die beim Menschen in unserer heutigen Zeit verwendet werden, um die sogenannte graue Gehirnsubstanz zustande zu bringen, welche hauptsächlich das Organ des Denkens ist. Dieses Denken ist natürlich nicht etwas, was das Gehirn verrichtet, aber man braucht das Gehirn als ein Werkzeug, um zu denken. Und jene Denkkräfte, die den Menschen befähigen würden, wenn er sie ganz zur Verfügung hätte, um zum Beispiel mit

Leichtigkeit auf dasjenige zu kommen, was in meiner *Geheimwissenschaft* steht, diese Kräfte, die in leichter Art befähigen, zu dieser ganzen Auseinandersetzung der *Geheimwissenschaft* zu kommen, werden beim normalen Menschen heute verwendet, um die graue Gehirnsubstanz in entsprechender Weise zu gliedern. Diese Gliederung der grauen Gehirnsubstanz war noch gar nicht in diesem ausgiebigen Maße, wie es heute beim Durchschnittsmenschen der Fall ist, beim Menschen des alten Griechenlandes im sechsten oder fünften Jahrhundert vorhanden. In dieser Beziehung ändert sich die Menschennatur rascher, als man denkt. Daher war für die Griechen der vorhistorischen Zeit, des zehnten, elften, zwölften Jahrhunderts, in einem bestimmten Lebensalter ganz selbstverständlich, daß ihnen das Hellsehen aufging, das man heute wiederum als Geheimwissenschaft darstellen kann. Und man muß die Kräfte, die einem doch noch erspart bleiben bei der Bearbeitung der grauen Gehirnsubstanz, zur Übung verwenden in der Weise, wie es geschildert worden ist, um in reiner, klarer Weise zu überschauen, was zum Beispiel in meiner *Geheimwissenschaft* beschrieben ist. Worauf beruht das, wenn man so beschreibt, wie es in diesem Buche geschehen ist? Die Bedingungen zu Schilderungen aus der geistigen Welt sind eigentlich auch von dem heutigen Menschen gar nicht so schwer zu erlangen. Man möchte fast sagen, man könne sich wundern, daß heute nicht viel mehr Menschen ganz von selbst zur Anschauung dieser Verhältnisse kommen – und man könnte sich wundern, daß diese Schilderungen eine so starke Gegnerschaft finden. Denn es ist verhältnismäßig nicht schwierig, zu jenem Grad des Hellseherischen zu kommen, der notwendig ist, um diese Dinge zu überschauen. Man braucht nur das Folgende zu machen, obwohl man diesen Dingen gegenüber das Faustwort anwenden kann: «Zwar ist es leicht, doch ist das Leichte schwer.»[8]

Die Entwickelung des Gehirns ist zwar am lebhaftesten in den ersten Jahren des menschlichen Lebens; da sieht man hellsichtig den Ätherleib und auch den Astralleib am meisten tätig an der Furchung, an der Gliederung des Gehirns. Aber es dauert diese Arbeit an unserem Gehirn verhältnismäßig sehr lange. Und es ist nicht zu viel gesagt, wenn man behauptet, daß der Mensch wirklich – wenn es auch in späteren Jahren langsamer geht – durch die Lebenserfahrung schon immer gescheiter und gescheiter wird. Immer findet eine Arbeit an der Gehirnsubstanz statt. Aber man beobachtet das Folgende nicht und kann es ja auch nicht beobachten: Wenn man sich in einem bestimmten Jahre vornimmt, eine geistige Lieblingsbeschäftigung, die man getrieben hat, einmal nicht zu treiben – doch müßte sich diese nur auf äußere Verhältnisse beziehen, weil durch diese die graue Substanz sich gliedert – Geisteswissenschaft kann es natürlich nicht sein, wenn man sie nicht wie irgendeine andere Wissenschaft studiert –, doch wenn man irgend etwas sonst, was man als Lieblingsbeschäftigung betrieben hat, sieben Jahre lang nicht zu treiben sich vornimmt und wirklich das durchführt, streng durchführt, und man versucht, in stiller Meditation die Kräfte wachzurufen, die man auf diese Weise erspart hat, die, hätte man die Tätigkeit fortgesetzt, anders verwendet worden wären, nun aber erspart, herausgesondert sind: so kann man verhältnismäßig leicht, wenigstens in hohem Grade selbst zur Erkenntnis derjenigen Dinge kommen, die in meiner *Geheimwissenschaft* geschildert sind. Daß so wenige Menschen dazu kommen, bezeugt nun, daß so wenig nach dieser Richtung ausgeführt wird. Es wird in der Tat nicht ausgeführt, denn derjenige, der wirklich eine Lieblingsbeschäftigung hat, wird selten die Entsagung haben, sieben Jahre lang sich gar nicht mit ihr zu befassen.

So sehen Sie, daß ein Teil dessen, was heute verkündet werden kann, verhältnismäßig leicht zu erringen wäre. Wenn Sie unsere heutige Kultur betrachten mit allem, was sie an Ungeheuerem äußerlich geleistet hat, so werden Sie sich gar nicht wundern, daß viele Kräfte des Ätherleibes verwendet werden auf die Bearbeitung des Gehirns, denn diese äußere Kultur ist ja fast ganz nur ein Ergebnis eben der Gehirnarbeit, da gehen die Kräfte ganz und gar in der Bearbeitung des Gehirnes auf. Nun könnte mancher sagen: Ja, ich habe mich aber gar nicht beteiligt an dieser Kulturarbeit, ich habe ja gar nichts dabei getan! – Das kann sich jemand in Wirklichkeit vortäuschen, aber es ist doch nicht der Fall. Man kann heute kaum einen noch so einsam gelegenen Ort auf der Erde finden, wohin nicht die äußere Kultur doch so weit dringt, daß man beteiligt ist mit seinem Denken an dieser äußeren Kultur. Und das genügt schon, um die Kräfte abzulenken von dem, was man nennen könnte: Erlangen des hellsichtigen Bewußtseins. Freilich könnte jemand sagen: Nun, die Wilden beschäftigen sich ja nicht mit dem, was das Gehirn so bearbeitet, aber man kann auch von den Wilden heute nicht sagen, daß sie besondere hellsichtige Kräfte nach dieser Richtung entwickeln. – Das ist der Fall, weil ein ganz bestimmtes geistiges Gesetz besteht. Dasjenige nämlich, was man auf diese Weise hellsichtig erlangen soll, das muß eine bestimmte Vorbereitung haben. Der Wilde könnte vielleicht ganz andere hellsichtige Kräfte entwickeln. Die hellsichtigen Kräfte aber, die notwendig sind für das Sehen dessen, was in meiner *Geheimwissenschaft* beschrieben ist, könnte der Wilde nicht entwickeln, weil er dazu keine Vorbereitung hat. Denn diese Kräfte müssen wiederum die Umkehrung von anderen Kräften sein. Sie könnten zum Beispiel sagen: Aber viele Menschen haben sich doch das, was ich als Lieblingsbeschäftigung gehabt habe, überhaupt erspart! Warum sind diese nicht hellsichtig geworden? – Das beruht darauf, daß die Entwickelung der hellsichtigen Kräfte nicht kommt aus dem Nichts heraus, sondern kommt durch die Umkehrung dessen, was vorhanden ist. Man muß Kräfte in einer gewissen Richtung schon entwickelt haben, man muß den Anlauf schon genommen haben zu derjenigen Intelligenz, die heute unsere Kulturintelligenz ist; man muß eine Zeitlang auf diese Kräfte verzichten, dann werden sie gleichsam umgekehrt. Und dadurch entsteht dasjenige, was einen befähigt, die Tatsachen in der *Geheimwissenschaft* hellseherisch zu verfolgen. Es sind namentlich diejenigen Kräfte bei solchen Schilderungen verwendet, die in der normalen menschlichen Entwickelung vorzugsweise das Gehirn zu den höheren, intelligenteren Kräften befähigen. Dagegen wird man dasjenige, was nicht diese allgemeinen, großen Gesichtspunkte, wie sie in der *Geheimwissenschaft* geschildert sind, erreicht, sondern was mehr einzelne Verhältnisse erreicht, durch Umkehrung von anderen menschlichen Kräften und Fähigkeiten erlangen. Die Fähigkeit zum Beispiel, in frühere Erdenleben zurückzublikken, erreicht man dadurch, daß man gewisse Kräfte, die sonst ganz für die Sprachorganbildung verwendet werden, zurückbehält in der Art, wie ich es geschildert habe.

Am hinderlichsten sind den Menschen, um in die geistigen Welten zu dringen, gewisse Kräfte, welche gewöhnlich überhaupt gar nicht beachtet werden. Ich habe jetzt zweierlei von den Kräften angeführt, welche den Menschen befähigen, hellsehend hineinzublicken in die geistigen Welten. Auf die Kräfte, die heute verwendet werden zur Ausbildung der grauen Gehirnsubstanz, habe ich hingewiesen; jene Kräfte aber, die den Menschen befähigen, rückzublicken auf frühere Erdenleben, sind die Kräfte, die mit der Ausbildung der Sprache zu tun haben. Es gibt aber noch Kräfte, die den Menschen befähigen, mehr im einzelnen zu sehen, was zwischen Tod und neuer Geburt liegt, in Einzelheiten zu sehen, was der einzelne Mensch da tut. In der *Geheimwissenschaft* findet man mehr das Allgemeine. Das ist aber wieder etwas anderes: wirklich hineinzusehen in die geistige Welt; dazu sind wieder andere Kräfte notwendig, die man kaum beachtet im Leben. Es gibt etwas, zu dem der Mensch sehr viel Kräfte verwenden muß: das ist, daß er sein Leben lang nicht auf allen vieren kriecht, sondern im jugendlichen Lebensalter dazu kommt, sich aufzurichten. Die Kräfte, die den Menschen zum vertikalen Wesen machen, sind Kräfte, die denjenigen, der eingedrungen ist in die geistige Welt, mit ganz besonderer Ehrfurcht erfülle. Zuzuschauen, wie ein Kind gehen lernt, das schließt für den, der hellsichtige Forschung anstellt, ein wunderbares Mysterium ein. Die Kräfte, die man verwendet, um sich aufzurichten als Kind, die lassen übrig – aber man berücksichtigt dieses Überbleibsel zu wenig –, die lassen übrig diejenigen Kräfte, die einen befähigen, hineinzuschauen in die Welt zwischen Tod und neuer Geburt. Wenn man es nämlich dahin bringt – es gibt dazu noch andere Wege, aber dieses ist ein Weg –, sich zu erinnern, wie man gehen gelernt hat, was man da für Anstrengungen gemacht hat: dann entdeckt man in sich die Kräfte, die man erspart hat in seinem Ätherleib. Denn dieser muß sich namentlich dabei anstrengen. Wenn man diese Kräfte in sich sucht, die man dazumal erspart hat – sie sind noch in allen Menschen vorhanden –, kann auf diesem Wege vieles herausgeholt werden aus dem Menschen, was ihn befähigt, in das Leben, was verflossen ist zwischen seinem letzten Tod und seiner Geburt, zurücksehen.

Sie können fragen: Wie macht man denn das? Wir haben, wenn uns das Glück wird, unsere anthroposophische Bewegung fortzusetzen, schon einen Anfang damit gemacht, daß diese Kräfte hervorgesucht werden. Und wenn es gut geht, werden diese Kräfte gewöhnlich erst nach sieben Jahren rege; aber ein Anfang ist da, und dieser Anfang wird sich fortserzen in der Menschennatur. Gewöhnlich bleiben die Kräfte unberücksichtigt, die man da erspart hat. Nun kann der Mensch das Gewahrwerden dieser Kräfte in sich dadurch fördern, daß er eine gewisse naturgemäße Art des Tanzes übt. Er kann gewiß auch durch Meditation hervorgerufen werden, aber seit noch nicht ganz einem Jahre wird aus den Grundsätzen der Bewegungen des Ätherleibes in gewissen Kreisen bei uns die sogenannte Eurythmie getrieben. Das ist nicht etwas wie die gewöhnliche Art des Turnens und Tanzens – was eigentlich zu nichts Besonderem führt –, sondern, das sind Bewegungen, die ganz im Sinne der Bewegungen des Ätherleibes gegeben sind. Durch diese Bewegungen wird der Mensch allmählich die Kräfte gewahr werden, die noch in ihm sind, diese Kräfte werden durch diese freie Tanzbewegung entdeckt werden. Und so werden Anlagen allmählich geschaffen werden, die dasjenige erwecken, was im

Menschen an Kräften ist, um wirklich hineinzuschauen in jene geistigen Welten, die zwischen dem letzten Tode und seiner Geburt liegen.

So kann Geisteswissenschaft ganz praktisch an der Menschenkultur arbeiten. Und überzeugt kann man sein, daß nach und nach Geisteswissenschaft nicht bloß dabei stehenbleiben wird, einzelne Wahrheiten abstrakt zu lehren, sondern auch den ganzen Menschen so behandeln wird, daß Kräfte, die heute schlummern, geweckt werden, daß der Mensch sich wirklich zu einer geistigen Lebensempfindung aufschwingen lernt. Das sind sonderbare Sachen, die man da sagen muß, aber sie sind nun einmal so: Wenn man entdeckt die Kräfte, die einem beim Gehenlernen zurückgeblieben sind, dann wird man dadurch befähigt, hellsichtig hinzuschauen auf die Welten, in denen man lebt zwischen Tod und einer neuen Geburt. Durch Meditation ist das ja auch zu erreichen, aber sie muß dann so getrieben werden, daß sie auch Gefühl werde. Gefühle sind aber durch Meditation eigentlich am schwierigsten zu bilden. Es sollen die Kräfte also gefunden werden, die den Menschen befähigen, hineinzuschauen in die Welt zwischen Tod und einer neuen Geburt. Namentlich diejenigen Kräfte werden dabei gefunden, durch die man auf das schaut, was längere Zeit der Geburt vorangegangen ist. Auf diesem Gebiete liegt vieles, was das Leben uns erst verständlich macht. Irgendein Unglück trifft uns zum Beispiel. Zunächst haben wir nur die Empfindung: das ist ein Unglück. Wir ertragen es schwer.

Wüßten wir aber, warum wir vor der Geburt jahrzehnte-, ja jahrhundertelang alles so eingerichtet haben, daß dieses Unglück uns trifft, dann würde uns vieles erträglicher sein! Denn wir wüßten, daß dieses Unglück eine Prüfung ist, damit wir vollkommener werden. Aber auch sonst erlebt man gar mancherlei, wenn man gerade in denjenigen Teil der geistigen Welt hineinsieht, in dem man gewissermaßen die Vorbereitung für das gegenwärtige Leben durchmacht.

Die allgemeinen Verhältnisse will ich hier nicht schildern, die finden Sie ja dargestellt in meinen Schriften. Aber ich möchte gleichsam an einigen Beispielen zeigen, wie das Leben vor der Geburt beeinflußt das Leben nach der Geburt. Sehen Sie, so sonderbar das klingt, wenn wir die Mitte unseres Lebens zwischen Tod und einer neuen Geburt durchschritten haben – nicht wahr, zwischen Tod und einer neuen Geburt verfließt ja gewöhnlich eine Anzahl von Jahrhunderten, da gibt es natürlich eine Mitte –, dann richtet sich das innere Erleben der Seele in der geistigen Welt vor allen Dingen hinunter auf die Erde. Und man bekommt, wenn man nach dieser Mitte lebt, von der Erde herauf immer mehr Eindrücke von dem, was da unten getrieben wird, von dem, was die Menschen da unten denken und fühlen; und es ist für jede Seele so, daß sie ganz bestimmte Eindrücke bekommt. So zum Beispiel kann eine Seele sich hereinleben in der zweiten Hälfte des geistigen Lebens ihrer neuen Geburt entgegen, und immer mehr und mehr schaut sie da unten jene Menschen, die, sagen wir, da unten das spätere Zeitalter vorbereiten: die geistig wirksamen Menschen. Einzelne von diesen geistig wirksamen Menschen werden der Seele ganz besonders wertvoll. Ja, es kommt vor, daß man von der geistigen Welt aus auf eine oder zwei Gestalten, die auf der Erde sich betätigen, ganz besonders herabsieht. Ein Mensch zum Beispiel, der in der zweiten Hälfte des neunzehnten Jahrhunderts geboren worden ist, war, nehmen wir an, am Anfang des neunzehnten und in der zweiten Hälfte des achtzehnten Jahrhunderts in der geistigen Welt; aber er schaute herunter auf die bedeutsamen Menschen, welche die Kultur damals beeinflußten. Einzelne daraus findet er besonders wertvoll, sie sind ihm besonders lieb. Das ist eines, was man da erlebt: daß man herunterschaut auf die Menschen, die da unten sich entwikkeln. Aber indem man da herunterschaut, beeinflußt man diese Menschen auch, doch nicht so, daß dadurch die Freiheit beeinträchtigt würde; man beeinflußt sie so, daß gewisse Dinge, die in ihrer Seele leben, leichter in ihrer Seele auftauchen dadurch, daß von der geistigen Welt aus irgendeine Seele auf sie herunterblickt. So werden Erdenmenschen zum Schaffen, zur Tätigkeit angeregt durch Seelen, welche erst später als diese Erdenmenschen geboren werden und auf sie herunterschauen. In weiteren und auch in intimeren Angelegenheiten kann das der Fall sein.

Zum Beispiel ist der Fall vorgekommen, daß jemand als Seele im achtzehnten und in der ersten

Hälfte des neunzehnten Jahrhunderts in der geistigen Welt gelebt hat und einen hervorragenden Menschen der Erdenwelt sich geradezu zu seinem Ideal genommen hat: wie er dann hat werden wollen wie dieser, ihm hat nachstreben wollen nach seiner Geburt; man sieht zum Beispiel die Bücher eines solchen Menschen, dem man nacheifern will nach der Geburt. Man sieht also mit einer gewissen inneren Sehnsucht, mit einem gewissen inneren Trieb so vom Himmel auf die Erde herunter, wie man – allerdings mit etwas anderem Gefühl – als ein lebender Mensch mit Sehnsucht nach dem Jenseits, nach dem Himmel aufblickt. Nur ist dieser beträchtliche Unterschied, daß, wenn man als Erdenmensch ohne die Erkenntnis der Geisteswissenschaft zum Himmel aufblickt, das ziemlich unbestimmt bleibt. Der Mensch im Himmel aber, derjenige, der in der geistigen Welt lebt, hat die Eigentümlichkeit, daß er die Verhältnisse der Erde, die Menschenseele, die er besonders verehrt, deren Schriften er vielleicht lesen will, auch ganz besonders genau sieht von der geistigen Welt aus. Kurz, man lernt in der zweiten Hälfte seines geistigen Daseins zwischen Tod und einer neuen Geburt in Einzelheiten die Menschenseelen kennen, man lernt in Seelen hineinschauen. Und wir selber, die wir jetzt leben, wir können uns bewußt sein, daß da oben in der geistigen Welt Seelen leben, die darauf warten, in den nächsten Jahrzehnten geboren zu werden, die in unsere Seelen schauen mit einem sehnsüchtigen Blick und die in unseren Seelen dasjenige erblicken, was sie brauchen für ihre Vorbereitung zur Erdenwelt. Sie sehen unsere Seelen in dieser Zeit ihres geistigen Lebens so genau, wie der Erdenmensch seinen Himmel ungenau sieht. Das ist wiederum so ein Bild, das uns zeigt, wie wir, wenn wir die geistigen Welten auch nur ein wenig kennenlernen, wirklich zu der Empfindung kommen: Wir sind beobachtet. Denn das sind wir vielfach. Es richten sich die Blicke der geistigen Wesen und namentlich derjenigen, die geboren werden sollen, auf unsere Seelen. Daraus ersehen wir, daß Geisteswissenschaft auch in dieser Beziehung durchaus nicht etwas Schlechtes den Menschen gibt, denn es wird durch sie der Mensch angeleitet, würdig zu sein dessen, was in seiner Seele beobachtet wird von den noch ungeborenen Seelen.

Wenn die hellsichtige Forschung sich auf diese Dinge einläßt, dann erlebt sie allerdings bedeutsame, oft erschütternde Dinge. Und zu den wirklich in hohem Grade erschütternden Dingen gehört es, wenn man hinaufblickt in die geistigen Welten zu den Seelen, die auf dem Wege sind geboren zu werden, und sieht, wie sie herunterschauen auf die Erde, um nach denjenigen zu blicken, die ihre Eltern werden könnten. Für ältere Zeiten war das sogar noch bedeutsamer; für unsere Zeiten ist das schon weniger bedeutsam geworden. Aber es gehört noch immer zu den erschütterndsten Ereignissen, solche Seelen zu beobachten. Denn da kann man die allerverschiedensten Eindrücke erhalten. Hier ein Eindruck, den ich schildern möchte nach der Wirklichkeit.

Eine Seele, die sich anschickt verkörpert zu werden, weiß zum Beispiel, daß sie zu ihrem nächsten Erdenleben eine gewisse Art von Erziehung braucht, eine gewisse Art von Kenntnissen, die sie aufnehmen muß schon in früher Jugend. Aber sie sieht nun: Ja, da und dort kann ich die Möglichkeit finden, solche Erkenntnisse zu gewinnen. – Aber das ist oftmals nur möglich, wenn man in der Zeit verzichtet auf ein solches Elternpaar, das einem ein glückliches Dasein in anderer Beziehung geben könnte, und wenn man seine Zuflucht nimmt zu einem Elternpaar, das einem vielleicht kein glückliches Leben gewähren kann. Würde man ein anderes Elternpaar vorziehen, so würde man sich sagen müssen: Gerade das Wichtigste kannst du nicht erreichen. – Man darf nicht alle Verhältnisse des geistigen Lebens sich so verschieden vorstellen von denen auf der Erde. So sieht man Seelen, die vor der Geburt in furchtbarstem Kampf sind, sieht zum Beispiel eine Seele, die sich sagt: Ich werde vielleicht in meiner Jugend mißhandelt von einem rohen Elternpaar. – Wenn eine solche Seele in diese Lage kommt, dann gibt das furchtbare innere Kämpfe für sie. Und man sieht in der geistigen Welt vielen Seelen an, die an die Vorbereitung für die Geburt schreiten, wie sie sich diese ungeheuren Kämpfe bereiten. Dazu muß man nehmen, daß man in der geistigen Welt diese Kämpfe etwa wie eine Art von Außenwelt vor sich hat. In der geistigen Welt ist das, was ich jetzt schilderte, nicht nur innerer Seelenkampf, nicht nur Kampf des Gemütes, sondern diese Kämpfe projizieren sich nach außen, und man hat sie sozusagen um sich. Man sieht in aller bildlichen Anschaulichkeit die Imaginationen, die einem darstellen, wie diese Seelen innerlich gespalten zu ihrer nächsten Inkarnation schreiten müssen. Wenn wir diese Verhältnisse uns vor Augen führen, so können wir natürlich leicht auf den Gedanken kommen, warum so viele Menschen die Geisteswissenschaft gar nicht mögen. Denn am meisten würden es die Menschen lieben, wenn es wahr wäre, daß man nach dem Tode gleich in die ewige Seligkeit für alle Zeiten einginge. Das ist aber nicht so. Und es ist gut, daß die Dinge so sind, wie sie sind, denn unter diesen Verhältnissen wird die Welt schon den Grad von Vollkommenheit erreichen, den sie erreichen muß.

Hineinzublicken in das eigene oder in das fremde Leben innerhalb der geistigen Welt, dazu werden wir kurioserweise durch die Kräfte, die wir vom Ätherleibe beim Gehenlernen ersparen, befähigt. Aber diese Kräfte, wenn sie wirklich entwickelt werden, haben einen gewissen Vorzug – das zeigt das praktische Hellsehertum – vor denjenigen Hellseherkräften, welche entwickelt werden zum Zurückschauen in die früheren Erdenleben. Ich bitte, diesen Unterschied sehr wohl zu berücksichtigen, denn er ist in vielem Sinne aufklärend über so manches.

Durch nichts wird ein gefährliches Hellsehen leichter entwickelt als durch die Entwickelung derjenigen Kräfte, die eigentlich beim heutigen Menschen für die Sprachbildungsorgane da sind, die ihn befähigen, wenn er sie zurückhält, zum Zurückschauen in frühere Erdenleben. Denn diese Kräfte hängen allermeist in der menschlichen Natur mit den niederen Instinkten und Leidenschaften zusammen. Und man kommt durch nichts so sehr in die Nähe von Luzifer und Ahriman, als wenn man gerade diese Kräfte entwickelt, die in einer gewissen Höhe allerdings gestatten, in frühere Erdenleben bei sich und anderen zurückzublicken. Zu Kräften der Täuschung führen sie; aber namentlich führen sie dazu, wenn sie nicht richtig entwickelt werden, daß der Hellseher unter dem Einfluß dieser Kräfte moralisch eher herunterkommen kann als herauf – so daß diese Kräfte, die gerade befähigen, in frühere Erdenleben zu schauen, die gefährlichsten sind. Man darf diese Kräfte nur entwickeln, wenn man zugleich voll bedacht ist auf die Entwickelung der reinen Moralität im Menschen. Deshalb, weil man angewiesen ist, auf die reinste Moralität im Menschen zu sehen, wenn man diese Kräfte ausbilden will, werden sich kundige Lehrer nicht leicht dazu herbeilassen, systematisch die Kräfte, die in die früheren Inkarnationen schauen lassen, zu entwickeln. Und man kann sagen: So verbreitet es ist, ein gewisses niederes Hellsehen zu haben, das in die anderen Welten hineinschaut, das aus geistigen Regionen Schilderungen geben kann, so wenig ist ein wirkliches, sachgemäßes Hineinschauen in die früheren Inkarnationen auf die Weise entwickelt, daß man nur die Sprachkräfte in Betracht zieht. Gewöhnlich werden daher andere Mittel noch zu Hilfe genommen, wenn man die Menschen dazu führen will, in frühere Inkarnationen zurückzuschauen. Und da kommen wir auf einen interessanten Punkt, der uns zeigt, wie allerdings der Mensch auf Dinge achten muß, auf die man sonst wenig achtet. Daß jemand bloß durch die Entwickelung der Sprachkräfte dazu gebracht würde in seiner geistigen Führung, auf frühere Erdenleben zurückzublicken, das wird sich selten ereignen. Dennoch gibt es viele Menschen, die das in der Gegenwart können; das wird durch andere Mittel gewöhnlich erreicht. Und eines dieser Mittel ist ein solches, das einem sonderbar erscheinen wird, aber durchaus auf einer tieferen Wahrheit beruht.

Irgend jemand lebt sich in das innere Leben hinein. Es würde ihn zu viel Anstrengung kosten oder vielleicht zu starke Versuchungen herbeiführen, wenn er nur durch die Ausbildung der Sprachkräfte dazu kommen würde, karmisch zurückzuschauen in die früheren Erdenleben. Daher nehmen die geistigen Mächte zu einem anderen Mittel Zuflucht. Wie ein Zufall sieht es aus: Da erlebt zum Beispiel dieser Mensch, daß ein anderer Mensch ihn antrifft, und nennt ihm einen Namen oder eine bestimmte Zeit oder ein bestimmtes Volk. Und das wirkt auf die Seele von außen so, daß sie durch diese Vorstellung die Unterstützungskräfte für das Hellsehen entwickelt. Und er merkt dann, daß dieser Name oder Hinweis, ohne daß es derjenige, der es gesagt hat, selber weiß, ihn zu dem fahrt, daß er hineinblicken kann in frühere Erdenleben. Da wird also zu einem äußeren Mittel

Zuflucht genommen. Da hört der Betreffende einen Namen oder ein Zeitalter oder einen Volksnamen und wird wie von außen angeregt, in die früheren Erdeninkarnationen zurückzublicken. Solche Anregungen von außen sind zuweilen für die hellseherische Betrachtung der Welt außerordentlich wichtig. Man erlebt etwas scheinbar ganz Zufälliges, aber es strahlt davon aus eine Anregung für hellsichtige Kräfte, die man sonst nur rudimentär entwickelt hätte.

Das sind solche aphoristische Andeutungen, die ich geben möchte über das Hereinragen der geistigen Welt in unsere Erdenwelt. Denn dieses Hereinragen ist in der Tat sehr kompliziert.

Also das Zurückblicken in frühere Erdenleben hat es mit verhältnismäßig gefährlichen, weil versuchenden Kräften zu tun. Dagegen wird kaum jemand, der die hellsichtigen Kräfte ausbildet, um einen Einblick zu erhalten in das Leben, das im Geiste vorangegangen ist der Geburt, leicht versucht werden können, gerade diese hellsichtigen Kräfte zu mißbrauchen. Und in der Regel werden es Seelen sein mit einer gewissen Reinheit, mit einer gewissen natürlichen Moralität, die mit einer gewissen Sicherheit zurückblicken in das Leben im Geistigen, das vorangegangen ist dem gegenwärtigen Erdenleben. Das hängt damit zusammen, daß die Kräfte, die verwendet werden als hellsichtige Kräfte, um gerade in diese Zeit hineinzuschauen, die kindlichen Kräfte sind, diejenigen Kräfte, die man eben vom Gehenlernen erspart.

Es sind die unschuldigsten Kräfte, die der Mensch in seiner Natur hat. – Und ich bitte Sie, darauf zu achten, denn es ist sehr bedeutsam: die unschuldigsten Kräfte sind zugleich diejenigen, durch die man, wenn man sie ausbildet, hineinschaut in das Leben, das der Geburt vorangeht. Das ist auch dasjenige, was den Anblick des Kindes zu einem so zauberhaft befriedigenden macht, weil das Kind umspielt ist in seiner Aura von den Kräften, von denen der größte Teil benützt wird zum Gehenlernen, von jenen Kräften, die hineinleuchten noch in dasjenige, was der Geburt vorangegangen ist. Und in dieser Beziehung kann für die hellseherische Betrachtung in der Tat das Kind, auf dessen Antlitz sich ausdrückt Unschuld und Weltunerfahrenheit, in seiner Aura ausdrücken etwas, was wahrhaftig interessanter ist als dasjenige, was sich in der Aura vieler Erwachsener ausdrückt. Die im Geistesland durchgemachten Kämpfe, die vorausgegangen sind der Geburt und das Schicksal bestimmen, die machen dasjenige, was aurisch das Kind umspielt, zu etwas ungeheuer Großem und Weisheitsvollem. Und die Weisheit, die das Kind in seiner Aura umspielt, ist wahrhaftig oftmals eine viel größere als diejenige, die der Mensch im späteren Alter äußern kann durch seine Worte. Die Physiognomie des Kindes mag noch unbestimmt sein; derjenige aber, der als Hellseher das Kind sieht, kann ungeheuer viel von dem Kinde lernen, wenn er das, was das Kind umspielt, schauen kann mit dem hellsichtigen Blick. Und wenn dann das, was im kindlichen Alter an Kräften vorhanden ist, später hellsichtig ausgebildet wird, dann sieht man gerade in die konkreten Verhältnisse hinein, die dem Geborenwerden des Menschen lange vorangehen. Es ist vielleicht nicht so die Selbstsucht befriedigend, in diese Welt hineinzuschauen. Für denjenigen aber, der den ganzen Zusammenhang der Welt verstehen will, ist dieses Hineinblicken auch ganz besonders interessant. Und in der Akasha-Chronik zu forschen in bezug auf gewisse Menschen der Weltgeschichte besteht nicht nur darin, daß man dasjenige erforscht, was sie ausleben auf dem physischen Plane, sondern auch dasjenige, wie sie ihr Leben auf dem physischen Plan als Seelen in der geistigen Welt vorbereiten zwischen Tod und einer neuen Geburt.

Die Kräfte aber, die, wenn man sie rein erhält, in frühere Inkarnationen hineinleuchten, die werden weniger im Kindesalter erspart, sondern gerade in dem Alter des Menschen, in dem sich die Leidenschaftlichkeit und manchmal gerade die schlimmsten Leidenschaften im Menschen entwickeln. Diese Kräfte, die ja auch andere Aufgaben noch haben in der menschlichen Natur, werden lange nach den Sprachbildungskräften entwickelt. Sie hängen zusammen mit dem, was sich im Menschen an Gefühlen sinnlicher Liebe entwickelt, und all dem, was damit zusammenhängt. Da besteht eine ganze Verwandtschaft zwischen dem, was zur sinnlichen Liebe führt, und dem, was zur Sprache leitet, welcher Zusammenhang sich ja auch in der Mannesnatur ausdrückt im

Stimmbruch, in dem Mutieren der Stimme. Und in diesem Lebenszeitalter werden besonders viele von diesen Kräften erspart. Werden sie rein erhalten, so führen sie zum Rückblick in frühere Erdenleben. Werden sie nicht rein erhalten, werden sie herangebracht an die sinnlichen Instinkte des Menschen, dann können sie zu den größten okkulten Lastern führen. Gerade diese Sorte von hellsichtigen Kräften, die von Ersparnissen aus diesem Lebensalter herrühren, sind auch am leichtesten der Versuchung ausgesetzt. – So werden Sie den ganzen Zusammenhang verstehen können, meine lieben anthroposophischen Freunde! Der Hellseher, der gerne redet über die Zeit zwischen Tod und neuer Geburt – vielleicht haben einige von Ihnen schon bemerkt, daß über diese sonst wenig geredet wird –, dieser Hellseher hat in sich namentlich ausgebildet ersparte Kräfte des frühesten Kindesalters. Bei Hellsehern, die – und das meistens mit Unfug – viel reden über frühere Inkarnationen von Menschen, was sehr häufig vorkommt, denn manche Leute haben die Aussagen über frühere Inkarnationen nur so auf dem Präsentierteller, bei denen muß man aus dem Grunde mißtrauisch sein, weil allzuleicht auf diesem Gebiete die Kräfte herangezogen werden können, die am allermeisten der Versuchung unterliegen können. Denn die Kräfte, die man dafür ersparen kann, die erspart man in der Zeit, wo sich die sinnliche Liebe entwickelt und wo man noch nicht äußerlich im sozialen Leben steht. Diese Kräfte führen zuweilen zu vielem Unfug, insbesondere führen sie zu einem bestimmten okkulten Unfug, weil sie am meisten dazu beitragen, Täuschung über Täuschung hervorzurufen auf dem Gebiete der geistigen Welt.

Warum sind denn die Angaben solcher Hellseher, die Versuchungen ausgesetzt sind, so häufig falsch? Weil unter den auf diese Weise ersparten Kräften aus diesem Lebensalter mit der Anwendung dieser Kräfte zugleich aus dem Menschen wie ein Nebel aufsteigen die niederen Instinkte und Triebe. Und wenn diese aufsteigen, dann kommen Ahriman und die ahrimanischen Geister und formen aus dem, was da aufsteigt, Gespenster, so daß man diese Gespenster sehen kann und sie für frühere Inkarnationen hält. Die Art von Hellsehen, die notwendig ist, um Verhältnisse zu schildern, wie sie in der *Geheimwissenschaft* dargestellt sind, die wird besonders leicht entwickelt werden können, wenn solche Kräfte erspart werden, die erst im späteren Lebensalter zurückgehalten werden können. Und da man in diesem Lebensalter, nach dem einundzwanzigsten bis achtundzwanzigsten Jahre, in der Regel solche Kräfte entwickelt, die sich mehr auf das intellektuelle Leben beziehen, auf das Leben, das man schon mit einer gewissen Nüchternheit betrachtet, so werden Untersuchungen auf diesem Gebiete am allerwenigsten dem Irrtum und der Täuschung ausgesetzt sein.

So haben wir also gesehen, daß die Einsichten in die großen geistigen Weltenverhältnisse durch Ausbildung derjenigen Kräfte gewonnen werden, welche in der Menschennatur zur Bearbeitung des Gehirns wirken. Das Hineinschauen in die früheren Erdenleben wird durch Ausbildung derjenigen Kräfte erreicht, welche namentlich erspart werden im Jugendalter, wenn die sprachbildenden Kräfte nicht mehr zur Sprachbildung verwendet werden und im Reiche der sinnlichen Triebe und ihrer Organe walten. Das eigentliche Geistgebiet, das Gebiet, das insbesondere interessant wird da, wo sich das neue Leben vorbereitet, das kann erforscht werden durch die Kräfte, die wir namentlich ersparen im allerersten Kindesalter, in dem Alter, wo man sozusagen das Gehen lernt.

Dies sind allerdings merkwürdige Tatsachen, doch muß man sich schon gewöhnen, wenn man in die geistigen Welten dringen will, viele Vorstellungen aufzunehmen, die man am Anfang als paradox betrachtet. Aber die geistige Welt ist auch wirklich nicht dazu da, um eine bloße Fortsetzung der sinnlich-physischen Welt zu sein, sondern sie ist eine Welt, die in vieler Beziehung gerade entgegengesetzt der physischen Welt ist. Und der Mensch erscheint uns gerade dann als ein so bedeutungsvoll im Weltenall stehendes Wesen, wenn wir auf der einen Seite auf dasjenige blicken, was er als sein Schicksal, als seine Fähigkeiten, als seine Tüchtigkeiten in seinem Erdenleben durchmacht, und auf der anderen Seite – eben durch das Kennenlernen der Geistigkeit – darauf blicken, wie etwas von einem dem irdischen ganz verschiedenen Leben durchgemacht wird vom Menschen zwischen Tod und einer neuen Geburt. Da erst erscheint uns der Mensch in seiner wahren Bedeutung und Bestimmung, wenn wir dies ins Auge fassen!

So wollte ich Ihnen in diesen zwei Vorträgen[9] eine Darstellung, eine Schilderung geben von verschiedenen Dingen der geistigen Welt. Ich wollte dies in mehr aphoristischer Weise tun, weil wir zum ersten Male hier in dieser Stadt beisammen waren, weil die meisten auch die systematischen Darstellungen schon kennengelernt haben aus den Büchern und Schriften und weil ich zu dem oder jenem noch eine Ergänzung liefern wollte. Das schien mir für unsere Freunde in dieser Stadt nützlicher zu sein, als wenn ich ein Kapitel der Geisteswissenschaft gewählt hätte, das zusammenhängender gewesen wäre. Man möchte ja – das lassen Sie mich am Schlusse unserer auch mich so sehr erfreuenden Zusammenkunft hier aussprechen –, man möchte ja in der Gegenwart von der Geisteswissenschaft, daß sie so viel als möglich in die Herzen und Seelen der Menschen einzieht! Denn zweierlei ist wichtig. Erstens, wenn wir das Leben um uns betrachten und auf die Tatsachen dieses Lebens hinblicken, sehen, wie die Menschen, selbst durch die größten Errungenschaften der Kultur, immer materieller und materieller werden, dann zeigt sich uns, wie immer mehr und mehr der Menschheit diese Geisteswissenschaft notwendig ist, wie die Menschen sie brauchen, gerade weil das äußere Leben den Menschen materialistisch macht. Weil gerade die größten Errungenschaften des äußeren Lebens den Menschen materialistisch machen müssen, bedarf er des Gegengewichtes der Geisteswissenschaft. Geisteswissenschaft ist eine Notwendigkeit des Erdenlebens der Menschheit und wird es immer mehr und mehr werden gegen die nächste Zukunft hin. Und wer bedenkt, wie das äußere Leben im Materialismus durch die größten Errungenschaften der menschlichen Kultur veröden, nach und nach ersterben müßte, der wird am meisten die Sehnsucht in sich verspüren, daß Geisteswissenschaft einziehen möge in die Herzen und Seelen der Menschen. Unsere Kultur wird immer größere und größere Fortschritte machen; aber so wahr es ist, daß viele Singvögel, die früher die Gegenden bevölkerten, in solchen Gegenden verschwinden, wo sich die Schornsteine der Fabriken erheben, so wahr ist es, daß – trotzdem wir Eisenbahnen, Dampfschiffe und alles das, was uns die Kultur geben kann, Telephon, Luftschiffe und so weiter brauchen, trotzdem nichts gegen die Fortschritte der äußeren Kultur vorgebracht werden soll –, so wahr ist es doch, daß wie die Singvögel durch den Rauch der Schornsteine vertrieben werden – Seelenglück und Seelenfrische und Seelenharmonie und Seelenleben ersterben müßten unter dem Einfluß der materiellen Kultur, wenn nicht Geisteswissenschaft den Menschenseelen die Spiritualität zuführte. Daher muß derjenige, der die Verhältnisse durchschaut, tiefste Sehnsucht haben nach der Verbreitung der Geisteswissenschaft, denn das ist eine Notwendigkeit.

Auf der anderen Seite steht die andere Tatsache, daß wegen dieser materialistischen Kultur die Menschen niemals so stark Geisteswissenschaft zurückgewiesen, ja gehaßt haben wie heute. – Und diesen beiden Tatsachen der Notwendigkeit und auch des Mißverstehens stehen wir heute gegenüber wie zwei Säulen, durch die wir durchzuschreiten haben, wenn wir Geisteswissenschaft in der Welt schaffen wollen. Für uns aber, die wir versuchen wollen, unsere Seelen für diese Geisteswissenschaft reif zu machen, wird auf jeder dieser Säulen eine Aufforderung, eine starke Aufforderung stehen: alles zu tun, was uns selber und diejenigen Menschen, die es wollen, zur Geisteswissenschaft heranbringt.

Von diesem Gesichtspunkte aus wollte ich zu Ihnen auch gesprochen haben, da ich das erste Mal in dieser Stadt spreche. Und von diesem Gesichtspunkte aus möchte ich als Abschiedsgruß die Worte zu Ihnen sprechen: daß einiges von dem, was ich sagen durfte, in Ihre Herzen und Gefühle, nicht nur in Ihren Verstand, übergegangen sein möchte! So daß Sie sich dadurch noch tiefer und noch gründlicher mit uns und allen verbunden fühlen, die diese Bewegung gerne in die Welt tragen möchten, mehr in die Welt tragen möchten, als sie es bisher getan haben! Da wir noch nicht räumlich zusammensein konnten und es in diesen Tagen zum ersten Male waren, wünschen wir alle, daß dieses Dasein unsere Seelenbande inniger, fester gemacht habe.

Dies wünschend, möchte ich von Ihnen, meine lieben Freunde, und von dieser schönen Stadt Abschied nehmen in dem Bewußtsein, daß, wenn so etwas geschehen ist, dann auch dieses räumliche Zusammensein eine Anregung gegeben hat zu einem nicht vom Raume und von der Zeit abhängigen Zusammensein. Lassen Sie mich Ihnen als Abschiedsgruß sagen: Es möge durch unser Zusammensein im Raume die Anregung gegeben worden sein zu einem bleibenden, immerwährenden Zusammensein im Geiste.

III.
MEDITATION UND KONZENTRATION.

Die drei Arten des Hellsehens

Dornach, 27. März 1915

Nachdem wir das letzte Mal, als wir uns hier versammeln konnten, Betrachtungen angestellt haben, die mehr an speziellere Erlebnisse anknüpften,[10] wollen wir heute wiederum mehr ins Allgemeine der Geisteswissenschaft einen Ausblick tun. Es wird ja gelegentlich dieser Osterbetrachtungen möglich sein, Mannigfaltiges, auch Spezielleres wiederum zu besprechen, da wir die Betrachtungen von heute in der nächsten Woche fortsetzen werden.

Ausgehen möchte ich heute davon – was Sie alle im Grunde genommen längst wissen –, daß alle geisteswissenschaftliche Betrachtung gewonnen wird dadurch, daß die Erkenntnisse erworben werden nicht mit der Hilfe der Werkzeuge des physischen Leibes, sondern dadurch, daß das Seelisch-Geistige freigemacht wird von dem physischen Werkzeuge und dadurch als Seelisch-Geistiges in unmittelbare Verbindung kommt mit den geistigen Welten. Diese unmittelbare Verbindung mit den geistigen Welten ist im gewöhnlichen Leben und im gewöhnlichen Erkennen dadurch unterbrochen, daß wir uns im wachenden Zustande immer der Werkzeuge unseres physischen Leibes bedienen müssen, wenn wir in ein Verhältnis zur Welt kommen wollen. Und im schlafenden Zustande konzentriert sich all unser Wille auf unseren Zusammenhang mit dem Leibe, so daß das Begehren nach dem Leibe wie ein Nebel sich ausbreitet in unserem Seelisch-Geistigen während des Schlafes und uns hindert, während des Schlafzustandes im gewöhnlichen Leben irgend etwas in den geistigen Welten, in denen wir ja darinnen sind, zu erleben.

Nun handelt es sich darum, daß der sich mit Geisteswissenschaft Beschäftigende wirklich genau einsieht den Wert der geisteswissenschaftlichen Beschäftigung als solcher und das Verhältnis dieser geisteswissenschaftlichen Beschäftigung zu dem persönlichen Streben, welches durch Meditation und Konzentration der Gedanken, Empfindungen und Willensimpulse oder sonst irgendwie den Menschen hineinbringt in die geistige Welt. Denn darüber müssen wir uns vor allen Dingen klar sein, und das ist eine tiefe, bedeutungsvolle Wahrheit, daß jene Einheitlichkeit, die uns gewissermaßen umringt in der gewöhnlichen Welt, nicht in derselben Art in der geistigen Welt vorhanden ist. Ich habe schon hingewiesen darauf, daß diese Einheitlichkeit in dem ganzen Gefüge des geistig-seelischen Menschen begründet ist. Wie streben doch die meisten Menschen danach, immer wieder und wieder zu fragen: Was ist die Einheit der Welt? – Wie finden sie sich erst befriedigt, wenn sie alles auf *ein* Prinzip zurückführen können!

In der Tat tritt uns die äußere physische Welt im eminenten Sinne als ein Ganzes, als ein einheitlich Gestaltetes entgegen, und diejenigen Menschen, welche gewissermaßen von dem Einheitsteufel ganz beherrscht sind, kommen zu allen möglichen Gedankenabstraktionen, indem sie suchen das einheitliche Prinzip der Welt.

Charakteristisch sind solche Persönlichkeiten, wie ein alter Herr, der mir einmal an einem Abend, als ich ihn wiedersah, entgegengetreten ist und mir mit der intensivsten Entdeckerfreude mitteilte: Jetzt habe er endlich ein einheitliches Prinzip gefunden, nach dem er alle Erscheinungen der Welt erklären könne. Dieses einheitliche Prinzip, so meinte er in seiner Entdeckerfreude, ließe sich mit zehn bis zwölf Worten sagen. Und er war so froh über diese Sache, daß er sagte: Den ganzen Kosmos kann ich jetzt erklären. – Hölle, Erde und Himmel wollte er erklären aus diesem Einheitsprinzip heraus.

Ich mußte vor kurzem an diese, vor vielen Jahren sich abspielende Episode wieder denken als mir jemand schrieb, daß er dringend eine Unterredung mit mir haben müsse, weil er einen Menschen kennengelernt habe, der in der Lage sei, eine die Seele vollständig befriedigende Weltanschauung einem anderen in fünf Minuten beizubringen. Ich brauche wohl nicht zu erwähnen, daß für solche Unterredungen innerhalb einer ernst gemeinten geistigen Strömung keine Zeit vorhanden sein kann. Aber diejenigen Menschen, die also von dem Einheitsteufel, der zu gleicher Zeit immer eine Art Bequemlichkeitsteufel ist, besessen sind, die sind gerade in unserer Zeit besonders zahlreich.

Vor allen Dingen müssen wir demgegenüber im tiefsten Sinne das nehmen, was in *Wie erlangt man Erkenntnisse der höheren Welten?* ausgedrückt ist, daß, sobald wir die Schwelle der geistigen Welt überschreiten, wir wirklich in ein dreifaches Erleben hineingeführt werden. Das habe ich in diesem Buche ganz besonders betont, daß die Seele wie dreigespalten wird; und indem die Seele die Schwelle der geistigen Welt überschreitet, ist nichts mehr eigentlich vorhanden, was es einem möglich macht, an den Einheitsteufel an diesen bequemen Einheitsteufel zu glauben.

Ja, wir fühlen selbst, daß wir, sobald wir die Schwelle der geistigen Welt überschreiten, mit unserem ganzen Wesen eigentlich in drei Welten eintreten, wirklich in drei Welten eintreten. Und wir müssen dies eigentlich nicht aus dem Auge verlieren, daß man nach dem Überschreiten der Schwelle der geistigen Welt das Erlebnis der drei Welten deutlich hat. Schon mit der ganzen Bildung unseres physischen Leibes gehören wir eigentlich drei Welten an. Ich möchte sagen: Zu diesem wunderbaren Gebilde «Mensch», das uns da entgegentritt in der physischen

Welt, ist wirklich das Zusammenwirken von drei Welten, die eine verhältnismäßig starke Unabhängigkeit voneinander haben, notwendig. Und wenn wir die Bildung unseres Hauptes betrachten, die Bildung all dessen betrachten, was zum Haupte gehört, dann müssen wir, selbst wenn wir nur vom physischen Haupte sprechen, uns klar sein darüber, daß die Bildekraft unseres Hauptes und auch die Wesenheiten, die in diesen Bildekräften wirkend und schaffend sind, einer ganz anderen Welt angehören als zum Beispiel die Bildekraft unserer Brust, die Bildekraft alles dessen, was zu unserem Herzen gehört, einschließlich der Arme und Hände. Es ist gewissermaßen, wie wenn die Bildekraft zu diesen materiellen Teilen des Menschen einer ganz anderen Welt angehören würde als die Bildekräfte unseres Hauptes. Und wiederum gehören die Unterleibsorgane und die Beine einer ganz anderen Welt an als die beiden anderen Glieder, die genannt worden sind.

Nun können Sie fragen: Was hat denn das alles für eine Bedeutung? Es hat eine große Bedeutung, weil im Grunde genommen der gegenwärtige Menschheitszyklus so ist, daß man reine, echte, wirklich wahre Ergebnisse der Geisteswissenschaft nur dadurch bekommt, daß unser Geistig-Seelisches herausgehoben wird aus dem Haupte. So daß gewissermaßen dies der hellseherische Aspekt eines Menschen ist, welcher geisteswissenschaftliche Beobachtungen hervorzubringen hat, die heute der Menschheit in richtigem Sinne dienen können (siehe Zeichnung). Dieser hell-

sichtige Aspekt ist so zu betrachten, daß das Geistig-Seelische hier vorzugsweise herausgehoben wird, und daß dieses Geistig-Seelische gleichsam angeschlossen wird, wie durch einen spirituell elektrischen Anschluß, an die Kräfte des Kosmos. Also es muß alles, das Ich und der astralische Leib bis zum Ätherleibe, herausgezogen werden. Dieses Herausziehen ist dann selbstverständlich verknüpft mit der Entwickelung der sogenannten Lotusblumen. Aber die Kräfte, welche die Lotusblumen in Bewegung setzen,[11] liegen in diesem herausgehobenen oder herauszuhebenden Teile des Geistig-Seelischen des Menschen.

Dies, was so erlangt wird, daß das Hellsehen gewissermaßen ein *Kopfhellsehen* ist, das kann geisteswissenschaftliches Resultat in unserer Zeit sein; denn das dient der Menschheit, dieses kopfhellseherische Ergebnis. Von ganz anderer Art ist das hellseherische

Ergebnis, das dadurch bewirkt wird, daß mehr das Geistig-Seelische der Organe des Herzens, der Arme und der Hände herausgehoben wird. Dieses Herausheben unterscheidet sich auch innerlich bedeutend von dem, was zustande kommt durch das, was ich nennen möchte das Kopfhellsehen. Das Herausheben aus dem materiellen Herzorgan wird mehr bewirkt durch die Meditation, die sich auf das Willensleben bezieht; es wird bewirkt durch die demütige Hingabe an den Weltenprozeß.[12] Während das Kopfhellsehen mehr durch die Gedanken, vorstellungsmäßig, aber auch durch empfindungsmäßige Vorstellungen bewirkt wird.

Es ist im allgemeinen mit Bezug auf diese beiden Arten des Hellsehens so, daß im Grunde das *Herzhellsehen* oder das *Brusthellsehen*, in dem Grade, wie es sich entwickeln soll, mit dem Kopfhellsehen sich schon entwickelt. Es führt das Brusthellsehen mehr zur Willensentwickelung, zum Zusammenhang mit den Aktionen der geistigen Wesenheiten niederer Hierarchien, wie derjenigen, die in den verschiedenen Reichen der Erde verkörpert sind, während das Kopfhellsehen mehr zu dem Anschauen, dem Erkennen, dem Wahrnehmen in den wirklich dem Menschen zunächst wichtigeren höheren Welten führt; wichtigeren, höheren Welten in dem Sinne, daß das Wissen von diesen höheren Mächten zur Befriedigung gewisser Erkenntnisbedürfnisse notwendig ist, die immer mehr und mehr auftreten müssen in der gegenwärtigen Menschheit. Je mehr wir der Zukunft

unserer Entwickelung auf der Erde entgegenrücken, desto weniger werden die Menschen, ohne daß ihr Seelenleben ausgedörrt wird, leben können, wenn sie nicht in ihre Erkenntnis aufnehmen können die Ergebnisse dieses Hellsehens.

Und wieder eine dritte Art von Hellsehen ist diejenige, die dadurch entsteht, daß aus dem übrigen Menschen gelockert wird, also herausgehoben wird dasjenige, was man das Geistig-Seelische nennen kann. Da müßte ich (auf der obigen Zeichnung) da unten, gegen das Ende zu, das Herausrücken andeuten.

Wenn auch der Ausdruck nicht besonders ästhetisch ist, so darf ich aber doch vielleicht diese Art des Hellsehens das *Bauchhellsehen* nennen. So daß man wirklich unterscheiden kann: *das Kopfhellsehen, das Brusthellsehen und das Bauchhellsehen.*

Während das Kopfhellsehen für unseren Menschheitszyklus im eminentesten Sinne dahin führt, von dem Menschen unabhängige Ergebnisse zu gewinnen, führt das Bauchhellsehen dazu, vorzugsweise Ergebnisse zu gewinnen, welche zusammenhängen mit dem, was im Menschen selber vorgeht. Dasjenige, was im Menschen selber vorgeht, muß selbstverständlich auch Gegenstand des Forschens sein, gibt es doch auch auf dem Gebiete des physischen Forschens die Anatomie und die Physiologie, die sich mit alledem zu befassen haben. Es darf nicht die Meinung auftauchen, daß dieses Bauchhellsehen nicht einen gewissen Wert, im höchsten Sinne des Wortes, haben könnte. Selbstverständlich hat es seinen Wert. Aber klar muß man sich darüber sein, daß dieses Bauchhellsehen nur wenig den Menschen unterrichten kann über dasjenige, was unpersönlich in den kosmischen Vorgängen sich abspielt, daß es im wesentlichen den Menschen unterrichtet über das, was in dem Menschen, ich möchte sagen, innerhalb der Haut des Menschen vor sich geht.

Über andere Gegensätze zwischen Kopfhellsehen und Bauchhellsehen werde ich noch sprechen, aber in bezug auf das Moralisch-Ethische sind diese beiden Arten im Grunde genommen auch innerlich recht gut zu unterscheiden. Das Brusthellsehen steht dazwischen, zwischen Kopfhellsehen und Bauchhellsehen. In bezug auf das Ethische ist verhältnismäßig am wichtigsten das Kopfhellsehen. Menschen, welche danach streben, in unpersönlicher Weise, in dem Sinne wie es angedeutet ist in *Wie erlangt man Erkenntnisse der höheren Welten?*, zu einer Anschauung der höheren Welten zu kommen, Menschen, welche es sich nicht verdrießen lassen, diesen unbequemen, aber sicheren Weg zu gehen, die werden in bezug auf ihre Hellsichtigkeit auch etwas Unpersönliches in sich entwickeln, vor allen Dingen ein höheres Interesse für die objektive Welterkenntnis, für dasjenige, was in der Welt des kosmischen und in der Welt des geschichtlichen Werdens vor sich geht.

Von dem Menschen selber wird dieses Kopfhellsehen vorzugsweise in dem Sinne sprechen, daß es aufmerksam macht, wie der Mensch sich hineinstellt in den kosmischen, in den geschichtlichen Werdegang des Lebens, aufmerksam macht darauf, was der Mensch im Ganzen des Weltenprozesses ist, und es wird immer dasjenige, was herauskommt bei diesem Kopfhellsehen, einen unpersönlichen, ich möchte sagen, einen allgemein-wissenschaftlichen Charakter haben; es wird Mitteilungen enthalten, die Wichtigkeit haben – ich bitte das Wort wohl zu beachten – für alle Menschen, nicht nur für den einen oder den anderen.

Dasjenige, was Bauchhellsehen ist, das wird vorzugsweise durchdrungen sein von allen möglichen menschlichen Egoismen, wird überhaupt sehr leicht dazu verführen, daß sich der betreffende Hellseher viel mit sich, mit den okkulten Unterlagen seines eigenen Geschickes befaßt, mit den okkulten Unterlagen seines persönlichen Wertes und Charakters.

Das ergibt sich wie eine selbstverständliche Neigung aus dem, was man das Bauchhellsehen nennt.

Nun tritt in bezug auf die anschauliche Natur zwischen den beiden Arten des Hellsehens ein starker Unterschied auf. Derjenige, der danach strebt, zunächst in dem Sinne, wie es gegeben ist in *Wie erlangt man Erkenntnisse der höheren Welten?*, mit seinem Seelisch-Geistigen frei zu werden von dem Wahrnehmungsapparat des Kopfes, der also gewissermaßen den geistig-seelischen Teil des Kopfes herauslockert aus dem physischen Werkzeuge und mit diesem geistig-seelischen Kopfteile sich hineinzuversetzen vermag in die geistige Welt, der wird es außerordentlich schwer haben, aus bloß schattenhaft-hellseherischen Erlebnissen herauszukommen. Dieses Heraustreten aus dem Kopfe ist verbunden zunächst mit Erlebnissen, die wirklich nicht einmal die Farbe, die Gesättigtheit von lebhaften Erinnerungen haben, die also gewissermaßen innerlich sehr farblos auftreten, und erst wenn man in den Anstrengungen, die auf diesem Wege liegen, immer weiter und weiter dringt, stellt es sich heraus, daß der schattenhafte Charakter dieser Erlebnisse sich verliert, und daß gewissermaßen mit Farbigem und Tönendem die farblosen und schattenhaften Erlebnisse tingiert werden.

Denn der Prozeß, der sich da abspielt, ist der, daß wir herausrücken aus unserem Kopfe zunächst und wirklich in einer Welt darinnen sind, die wir sehr schwer haben zu bemerken. Dann, indem wir nach und nach, langsam uns erwerben die Möglichkeit,

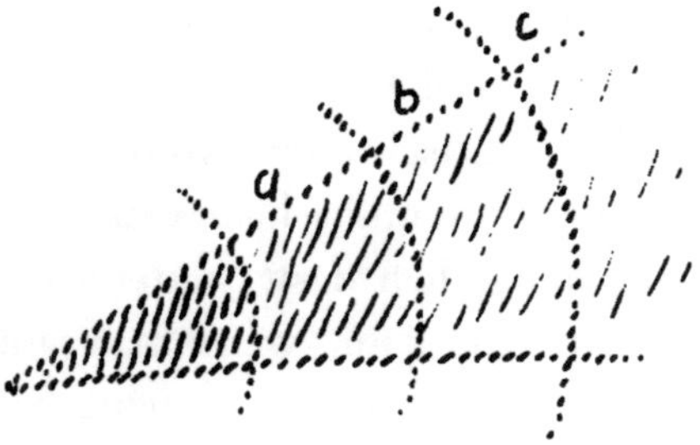

außerhalb unseres Kopfes zu leben, verstärken sich diese inneren Lebenskräfte, und die Folge davon ist, daß aus dem ganzen Umkreise der Welt die zuströmenden Kräfte zusammengezogen werden. Also denken Sie sich, aus dem ganzen Umkreise der Welt müssen die Kräfte zusammengezogen werden, und wenn wir aus dem Umkreise der Welt die ganzen Kräfte zusammenziehen, dann bekommen wir die Tingierung mit Farbigem und Tönendem. Denken Sie sich einmal, um sich das vorzustellen, Sie haben hier – *a* – eine Fläche, die sehr stark gefärbt ist, eine Kugelfläche. Und nun denken Sie sich diese Kugelfläche hinausgedehnt über eine große Fläche – *b*, *c* –. Da wird die Farbe viel blasser, und wenn wir sie noch weiter ausdehnen, so wird die Farbe immer blasser und blasser; wenn wir sie hereinbringen würden, so würden wir, wenn dies ein blasses Gelb ist, hier ein sehr gestärktes, gesättigtes Gelb bekommen, weil dieselbe Menge der Farbpunkte dann wieder mehr zusammenkonzentriert ist.

Nun steht das Kopfhellsehen dem ganzen Kosmos gegenüber, und über den ganzen Kosmos ist dasjenige ausgedehnt, was der Mensch erst zusammenkonzentrieren muß mit seinen Lebenskräften in das, was er selber ist hellseherisch seiner Wesenheit nach; so daß er wirklich nur im mühseligen Gang der inneren Entwickelung allmählich das Schattenhafte der Erlebnisse tingiert. Und dann, wenn man lange, lange sich Mühe gegeben hat, das allgemeine Erleben zu haben, das einem nur das Gefühl gibt, außerhalb seines Leibes zu sein, und wenn man dieses allgemeine Erleben lange gehabt hat und immer mehr ein Gefühl bekommen hat, ein intensiveres, aber noch nicht farbiges und tönendes, inneres Erleben zu haben, dann kommen allmählich die Gebiete aus dem Kosmos an das Kopfhellsehen heran.

Das ist eine Sache der langsamen, selbstlosen Entwickelung. Insbesondere muß gesagt werden, daß zu dieser Entwickelung unerläßlich ist das Studium der Geisteswissenschaft. Es muß immer wieder und wieder betont werden, daß die Geisteswissenschaft, wenn sie gegeben ist, wirklich verstanden werden kann. Man kann das nicht oft genug betonen, daß man kein Hellseher zu sein braucht, um Geisteswissenschaft zu verstehen. Selbstverständlich muß man Hellseher sein, um zu den Ergebnissen zu kommen; aber wenn sie einmal da sind, braucht man kein Hellseher zu sein.

Dieses Verständnis der Geisteswissenschaft muß vorangehen dem eigentlichen Schauen. Auch hier ist es so, daß man sagen kann: es ist der umgekehrte Weg von dem der richtige, der in der physisch-sinnlichen

Welt der richtige ist. In der physisch-sinnlichen Welt haben wir zuerst die richtigen Anschauungen, dann gehen wir zum gedanklichen Betrachten über; wir bilden uns die wissenschaftlichen Urteile hinterher. Beim Aufsteigen in die geistige Welt ist es umgekehrt. Da müssen wir zuerst die Begriffe und Vorstellungen entwickeln, müssen uns anstrengen, um uns objektiv in die Geisteswissenschaft einzuleben; sonst können wir niemals sicher sein, daß irgendwelche Beobachtung in der geistigen Welt von uns im richtigen Sinne gedeutet wird. Da muß die Wissenschaft eben dem Schauen vorangehen. Und das ist es, was vielen so unendlich unbequem ist: daß sie die Geisteswissenschaft studieren sollen. Das nehmen viele als unbegreifliche Zumutung hin. Denn sie streben danach, Anschauungen zu haben in der geistigen Welt. Gewiß, die kann man relativ leicht haben; aber sie richtig zu deuten, dazu gehört, daß man wirklich objektiv, selbstlos sich in die Geisteswissenschaft einläßt, sich mit ihr durchdringt.

Nun ist gerade das Umgekehrte der Fall bei dem, was man nennen kann das Bauchhellsehen. Da gehen wir aus von demjenigen Geistig-Seelischen, das zunächst gearbeitet hat an unserem Leiblich-Physischen. Denn all dem, was es in der Welt gibt, liegt ein Geistiges zugrunde. Wenn Sie, sagen wir, ein Stück Kohlrabi gegessen haben – wir sind ja meist Vegetarier – und es dann verarbeitet wird in unserem Organismus, so hat man es nicht bloß mit dem physisch-chemischen Prozeß zu tun, den der Magen mit seinen

Kräften und Säften ausführt, sondern hinter dem allem ist der Ätherleib, der Astralleib und das Ich tätig. Alle diese Prozesse haben hinter sich geistig-spirituelle Prozesse. Es würde ganz falsch sein zu glauben, daß es materielle Prozesse gibt, die nicht einen spirituellen Prozeß hinter sich haben.

Denken Sie sich nun, Sie legen sich nach einem mehr oder weniger opulenten Mittagsmahle hin und werden hellsichtig, aber so hellsichtig, daß sich das Geistig-Seelische der Verdauungsorgane vor allen Dingen aus diesen Verdauungsorganen heraushebt. Dann leben Sie, während Ihr Magen und die übrigen Organe richtig verdauen, mit Ihrem Geistig-Seelischen im Geistig-Seelischen selber. Und während Ihnen sonst der spirituelle Prozeß unbewußt bleibt, der sich in Ihrem Ätherleibe, Astralleibe und Ich vollzieht, kommt er Ihnen, wenn Sie hellseherisch werden, zum Bewußtsein, und Sie können dann, indem Sie sich erleben in dem Geistig-Seelischen, all jenes Arbeiten und Bilden und Schaffen des Geistig-Seelischen an den Leibesgliedern während der Verdauung sehen; sehen, indem es sich hinausprojiziert in die Welt und Ihnen, bildhaft sich spiegelnd, im äußeren Äther erscheint. Dann bekommen Sie, weil Sie jetzt nicht so sehr aus dem Kosmos anzuziehen haben die Farbe, sondern weil Sie den ganzen Prozeß konzentriert in Ihrer eigenen Haut sich abspielen haben, die allerschönsten hellseherischen Gebilde. So daß ein Wunderbares, das sich abspielt um Sie in den herrlichsten, lichtesten Farben- und Gestaltungsprozessen, nichts anderes zu sein braucht als der in den Geistesorganen des Menschen vor sich gehende Verdauungsprozeß oder sonst ein im Leibe befindlicher Prozeß.

Dieses Hellsehen unterscheidet sich von dem anderen ganz besonders dadurch, daß, während das andere Hellsehen von schattenhaften Gebilden ausgeht und erst mühselig die Tingierung mit Farbe und Ton erhält, dieses schon ausgeht von dem Schönsten und Herrlichsten, das man sehen kann. Man kann es geradezu als ein Gesetz aussprechen: wenn das Hellsehen beginnt mit den herrlichsten Gebilden, insbesondere mit Farbengebilden, dann ist es ein Hellsehen, das sich bezieht auf Prozesse, die sich innerhalb des Persönlichen abspielen. Ich betone aber noch ausdrücklich, daß es für das Erforschen der geistigen Welt von großem Wert sein kann. Geradeso wie der Anatom und der Physiologe den Verdauungsprozeß und andere Prozesse untersuchen müssen, so hat es auch einen höchsten wissenschaftlichen Wert, auf diese Weise das hinter den menschlichen Prozessen stehende Geistige, das Spirituelle zu erforschen. Aber schlimm wäre es, wenn man sich irgendwelchen Täuschungen hingeben würde, wenn man sich Illusionen hingeben und die Dinge nicht in der richtigen Weise deuten würde.

Wenn man glauben würde, daß ein solches, ohne die entsprechende Vorbereitung auftretendes Hellsehen mehr geben könnte, als was sich im Menschen abspielt und sich hinausprojiziert in die objektive

Welt, wenn man glauben würde, daß man gewissermaßen den regierenden Weltenmächten, den tonangebenden geistigen Kräften durch ein solches Hellsehen näherkommen könnte, so würde man sich sehr täuschen. Ebensowenig wie man durch die Untersuchung der menschlichen Verdauung die Weltenrätsel lösen kann, ebensowenig kann man den Weltenrätseln und Geheimnissen dadurch näherkommen, daß man dieses Bauchhellsehen entwickelt.

Sie sehen also, wieviel dazugehört, sich in der Welt, in die wir eintreten durch das Freiwerden unserer geistig-seelischen Kräfte, wirklich richtig zu orientieren. Niemand sollte etwa durch die Erörterungen, die darüber gepflogen worden sind, einen Abscheu haben vor dem Bauchhellsehen. Aber jeder sollte sich klar sein darüber, wie sich ein solches Hellsehen verhält zu dem, was wirklich geistiges Hellsehen werden kann, und wie man fernhalten muß von aller äußeren Überschätzung dasjenige, was auf hellseherischem Wege so gewonnen wird, daß es nur einen persönlichen Inhalt haben kann. Erst dann, wenn man bei diesen Dingen, die auch persönlichen Inhalt haben, absehen kann von dem Persönlichen und sie so betrachten kann wie der Anatom, der Physiologe dasjenige betrachtet, was er durch die Sektion erlebt oder durch seine Untersuchungen erhält, erst wenn man da zur wissenschaftlichen Betrachtung übergeht, dann haben die Dinge einen besonderen Wert. Jedenfalls dürfen sich an diese Dinge nicht im entferntesten irgendwelche religiöse Gefühle anknüpfen; die können sich nur an die Ergebnisse des Kopfhellsehens anknüpfen. Und man wird dem anderen Hellsehen um so gerechter, je mehr man geradezu die Forderung stellt, daß seine Ergebnisse nur im wissenschaftlich-objektiven Sinne behandelt werden, wie die Ergebnisse der Anatomie, der Physiologie.

Nicht alles, was auf dem Wege des Hellsehens gefunden wird, ist – ich möchte diesen radikalen Satz aussprechen – anbetungswürdig; aber alles ist des Erlernens wert. Das ist es, was wir ins Auge fassen müssen. Ich sagte, für unseren Zyklus sei es ganz besonders wichtig, die Ergebnisse des Kopfhellsehens der allgemeinen geistigen Menschheitskultur einzuverleiben; und das ist wirklich wichtig. Ich will heute in bezug auf diese Wichtigkeit eine Seite der Sache einmal erwähnen. Wir leben wirklich in einer Zeit, in welcher sich die Menschheit vorbereiten muß, allmählich über den bloßen philosophischen Idealismus hinauszukommen und einzulaufen in ein wirkliches Bewußtsein von den geistigen Welten, von der allgemeinen geistigen Welt, in der wir darinnen leben, wie wir in der physischen Welt darinnen leben.

Nun, gehen wir von einem Erlebnisse des Kopfhellsehens aus, das wir leicht verstehen werden, wenn wir uns ein wenig vertieft haben in die Dinge, die gesagt worden sind in dem Münchner Zyklus,[13] der zuletzt gehalten worden ist, und die auch ausgeführt worden sind in meinem Buche *Die Schwelle der geistigen Welt*. Ich habe da besonders erwähnt, daß unser Denken eine Umänderung erfährt in dem Augenblicke, wo wir uns freimachen, besonders in bezug auf unsere Gedanken, von dem physischen Werkzeuge des Kopfes. Ich habe es damals grotesk ausgedrückt, indem ich gesagt habe: Wenn wir so frei werden, dann haben unsere Gedanken nicht mehr den Charakter, den sie haben im gewöhnlichen, alltäglichen Leben. Im gewöhnlichen, alltäglichen Erleben müssen wir das Gefühl haben – wenn wir nicht verrückt sind –, daß wir Herr sind über unsere Gedankenwelt, daß, wenn wir zwei Gedanken haben, wir es sind, die diese Gedanken verbinden oder trennen.

Wenn wir uns erinnern, sind wir uns bewußt: mit unserem Innenleben gehen wir von einem gegenwärtigen zu einem vergangenen Erlebnis über. Immer haben wir das Gefühl: wir sind es, die hinter dem Gewebe und Gewoge unserer Gedanken stehen. Das hört auf in dem Augenblicke, wo wir im Kopfteil das Geistig-Seelische freiwerden lassen vom physischen Werkzeug, wo wir ein Denken entwickeln, das leibbefreit ist. Ich habe dazumal radikal gesagt: Es ist, wie wenn wir den Kopf in einen Ameisenhaufen hineingesteckt hätten, in dem alles zu quirlen anfängt. So fangen die Gedanken auch an, ein eigenes Leben zu entwickeln und durcheinanderzuspielen. Und wenn wir im gewöhnlichen Leben zwei Gedanken haben und sie verbinden, wie zum Beispiel die zwei Gedanken «Rose» und «rot», so wissen wir, daß wir Herr sind in unserer Gedankenwelt, die Begriffe zu verbinden zu: «die Rose ist rot» und zu der Vorstellung «die rote Rose». Das ist nicht so, wenn wir draußen sind außer dem Leibe. Da bekommen wir in die Gedanken Leben, das Eigenleben der Gedanken. Jeder Gedanke wird zu einem Wesen. Der eine Gedanke läuft zu dem anderen hin, ein anderer läuft von dem anderen fort.

Also die Gedankenwelt gewinnt ein Eigenleben. Warum gewinnt sie ein Eigenleben? Nun, was wir im gewöhnlichen Denken des Alltags erleben, das sind nur Bilder, nur Schatten von Gedanken. Sie können das schon in meinem Buche *Theosophie* nachlesen. Sobald wir das Denken leibfrei entwickeln, wird jeder Gedanke so wie eine Hülse, und in die Hülse hinein schlüpft ein elementares Wesen. Der Gedanke ist nicht mehr in unserer Gewalt: Wir lassen ihn, wie einen Fühler, hinausgehen in die Welt, und da schlüpft ein elementarisches Wesen hinein. Unsere Gedanken sind so von elementarischen Wesen gleichsam ausgefüllt, und das quirlt und braust, das webt und west in uns. So daß wir sagen können: Wenn wir unseren geistig-seelischen Teil des Kopfes in die geistige Welt hineinstecken – wir haben ihn nur dadurch draußen, daß wir im physischen Kopfe nicht darinnen sind –, wenn wir ihn so hineinstecken in die geistige Welt, dann erleben wir nicht mehr solche Gedanken, wie wir sie erleben in der physischen Welt, sondern wir erleben das Leben von Wesen. Wir stecken unseren Kopf eben, wie ich damals sagte, gleichsam in einen Ameisenhaufen hinein. Wir erleben das Leben von Wesen.

So ist es im Grunde genommen bis hinauf zu den

Wesenheiten der höchsten Hierarchien. Und wenn wir einen Engel, einen Erzengel, einen Geist der Persönlichkeit erleben wollen, so muß es so sein, daß wir in der geschilderten Weise unsere Gedanken ausstrecken. Das Wesen muß sich einhüllen in unsere Gedanken. Wir schicken unsere Gedanken aus, und das Wesen schlüpft hinein und bewegt sich darinnen. Wenn wir wahrnehmen die Wesen auf der Venus oder auf dem Saturn, so ist es so, daß wir unsere Gedanken hinausschlüpfen lassen, und die Venus- und Saturnwesen hineinschlüpfen. Wir dürfen uns nicht fürchten davor, nicht mehr irdisch-menschliche Gedanken zu haben, sondern Hierarchiengedanken. Wir müssen uns gewöhnen, mit unserem Kopfe in den höheren Hierarchien darinnen zu leben. Wir müssen uns sagen: unser Denken hört auf, und unser Kopf wird der Schauplatz des Wirkens der höheren Hierarchien.

Nun ist es so, daß in der Fichte-Schelling-Hegel-Philosophie der Gedanke bis zu seiner reinsten Gedankenklarheit gebracht worden ist im Beginn des 19. Jahrhunderts. Wozu sich der Gedanke aufschwingen kann, das ist in dieser Philosophie wirklich enthalten. Die Aufgabe, bis zu welcher der Gedanke gebracht werden kann, ist da gelöst. Der nächste Schritt aber ist der, daß der Gedanke aus sich herausgeht und man wirklich hineinkommt in das quirlende und webende Leben des Gedankens. So daß wir in der Zeit leben – man kann das sagen –, wo die Menschheit dazu berufen ist, wahrzunehmen die höheren Hierarchien. Hingenommen werden sollen wir von der Welt der höheren Hierarchien, und abstreifen müssen wir die Furcht vor dem Verlieren der Gedanken an das Leben und Weben in den höheren Hierarchien.

Das 19. Jahrhundert war ganz ausgefüllt von dieser Furcht, von diesem Schrecken vor dem Leben in den höheren Hierarchien. Darin haben es die Menschen gebracht, sie wußten es nicht, die Menschen, aber im Grunde genommen haben sie gebetet: Oh, du mein lieber Ahriman – den Ahriman kannten sie nicht, daher hatte das Gebet einen anderen Inhalt –, mein lieber Ahriman, behüte mich davor, daß meine Gedanken beansprucht werden von dem Weben und Leben der höheren Hierarchien; denn sonst könnte ich einmal in den Gedanken statt des Irdischen, was der Kopf ausspekuliert hat, irgendein Uranuswesen haben, ein Jupiter-, Saturn-, ein Sonnenwesen, und dies könnte darinnen quirlen! – Sie werden sagen: So hat doch kein Mensch gedacht im 19. Jahrhundert. – Aber ich werde Ihnen doch den Beweis führen, daß Menschen so gedacht haben.

Ludwig Feuerbach, ein Philosoph des 19. Jahrhunderts,[14] der ganz besonders bekämpft hat die Unsterblichkeitsidee, bekämpft hat jeden Glauben an eine übersinnliche Welt, weil er diesen Glauben für den Glauben phantastisch-mystischer Träumer hielt und ihn als schädlich für die ganze Menschheit betrachtete, dieser Ludwig Feuerbach hat in seinem Buche *Gedanken über Tod und Unsterblichkeit* folgende Sätze geschrieben. Ich bitte Sie, sich diese ganz besonders gut in die Seele zu schreiben:

«Der tätige, mit den Gegenständen des menschlichen Lebens beschäftigte Mensch hat keine Zeit, an den Tod zu denken, und folglich kein Bedürfnis der Unsterblichkeit; denkt er ja an den Tod, so erblickt er in ihm nur die Mahnung, das ihm zu Teil gewordene Lebenskapital weise anzulegen, die kostbare Zeit nicht an nichtwürdige Dinge zu verschwenden, sondern nur auf Vollendung der Lebensaufgabe, die er sich gesetzt, zu verwenden.»

«Wenn der Mensch erst jenseits der Erde im Himmel auf Uranus oder Saturnus oder wo ihr sonst wollt seine Vollendung fände, so gäbe es keine Philosophie, keine Wissenschaft überhaupt. Statt daß allgemeine, abgezogene Wahrheiten und Wesenheiten Gegenstände unseres Geistes wären, statt der Gedanken, Erkenntnisse, Begriffe, dieser rein geistigen Wesen und Objekte, die jetzt die Bewohner unseres Kopfes sind, wären dann unsere himmlischen Brüder, die Saturnus- und Uranuswesen die Bewohner unseres Kopfes. Statt Mathematik, Logik, Metaphysik hätten wir die genauesten Porträts der Himmelsbewohner. Jene himmlischen Wesen nämlich würden sich zwischen uns und die Gegenstände des Wissens und Denkens hinlagern, sie würden uns den Blick auf jene Objekte versperren, eine ewige vollkommene Sonnenfinsternis in unserem Geiste bewirken.»

Die «Sonne» ist für Feuerbach: sein Gedanke.

Er hat also das ganze Bild davon, was da geschehen müßte. Er hat aber solch eine heillose Angst davor, daß er zu dem guten Ahriman betet, ihn doch davor zu bewahren, daß der Mensch hier dieses erlangen könnte. Er meint, dann würde keine Mathematik, keine Logik, sondern es würden Saturn- und Uranusbewohner in unserem Kopfe sein.

«Sie wären uns näher und verwandter, als Gedanken, Ideen, Begriffe, denn sie sind ja nicht rein geistige oder abstrakte Wesen wie diese, sondern sinnlich geistige Wesen, Wesen, die nur das Wesen der Einbildungskraft ausdrücken. Unser ganzer Geist wäre dann nur ein Traum, eine Vision der schöneren Zukunft. Derjenige daher, den die Schwere der Vernunft verhindert, auf der Oberfläche des unbegrenzten Oceans der Einbildung umherzuschwimmen, wird erkennen, daß in der Tiefe unseres Geistes, als in einer für sie irrespirablen Luft, das Lebenslicht der Engel und aller sonstigen ähnlichen himmlischen Wesen erlischt ...»

Wenn diese Wesen also hineinkämen in die Gedanken, dann wäre unser Geist ein Traum –, schreibt Feuerbach. Er fühlt sich nur sicher im Gebiet der Gedanken; und sollte in diese Gedanken das Wesen der Engel und anderer himmlischer Wesen hineinkommen, dann fühlt er sich unsicher. Das ist das Gebet zu Ahriman: daß er die Menschheit behüten möge vor einer Erkenntnis der geistigen Welten. So geschrieben in den vierziger Jahren des 19. Jahrhunderts von Ludwig Feuerbach, dem Gegner jeder spirituellen Weltanschauung. Was bedeutet das? Das bedeutet nichts anderes, als daß die Zeit reif ist, sich zu erheben zu den geistigen Welten; denn man braucht dasjenige, was der Mann da darstellt, nur ernst zu nehmen, so hat man den Weg gefunden in die geistigen Welten hinein. Man braucht es nur nicht durch die Verbindung mit Ahriman zu bekämpfen. Sie sehen also – wenn ich mich so ausdrücken darf –: Am Himmel liegt es nicht, daß die Geisteswissenschaft in unsere Zeitkultur nicht eindringt, denn sie dringt selbst in die Köpfe ihrer Gegner ein. Sie will in die Welt herein. Am Himmel liegt es also nicht; die Götter geben den Menschen die Weisheit: die Geisteswissenschaft kommt herein. Ebenso wie sich die Menschen gewehrt haben unter der Führung Ahrimans, so ist es an uns, uns nicht mehr zu wehren, sondern wirklich den Mut zu haben, mit der Geisteswissenschaft vollen, wahren Ernst zu machen.

Das muß man sich sagen mit Bezug auf diese Entwickelung des 19. Jahrhunderts. Man muß sagen: Es ist wie in der geistigen Welt vorgezeichnet, daß nach der idealistischen Zeit die spirituelle Zeit kommen solle, und es ist an den Menschen, ihren Sinn und ihr Gemüt zu öffnen, um diese geistige Welt aufzunehmen. Dasjenige, was im eminentesten Sinn eine solche materialistische Weltanschauung war, wie sie in Ludwig Feuerbach den charakteristischen, geistvollen und ungeheuer philosophisch-begabten Vertreter gefunden hat, das ist wie ein Ansturm, ein Wehren gegen dasjenige, was in die Menschheit hineinkommen soll. Von oben herunter kommen die geistigen Kräfte. Von unten herauf müssen die Kräfte des Verstehens, die Kräfte des Erkennens auch wirklich kommen. Man kann sagen: es ist ein charakteristischer Ausdruck, den Ludwig Feuerbach für sich selber gefunden hat: Es müßte die Sonnenfinsternis der Seele beginnen, wenn die Gedanken anfangen würden, nicht mehr Gedanken zu sein, sondern wenn die Wesen von Uranus, Venus und Saturn und so weiter dahineinspielen würden, also die höheren Hierarchien. Eine Sonnenfinsternis des Geistes würde da kommen. Eine heillose Furcht haben die Menschen davor gehabt. Aber diese Sonnenfinsternis des Geistes ist nicht bewirkt durch Himmelswesen; die wollen ja gerade ihr Licht in die Menschen bringen. Die Finsternis haben die Menschen bewirkt, indem sie mit Ahriman sich verbunden haben, und dadurch, daß sie eine Wolke der Furcht um sich herum aurisch ausgebreitet haben, haben sie ihre Attacken gegen das Herandringen der geistigen Welt zu vollführen gesucht. Dadurch ist es aber klar, daß die Verfinsterung von den Menschen ausgegangen ist, und man muß auch sagen, diese Verfinsterung hat die Menschen immer mehr und mehr ergriffen, diese Trübung eines freien, der Helligkeit des Geistes entgegengehenden Erkennens.

Das ist es, was die Menschen selber sich bereitet

haben, und so kann man sehen, wie im Laufe des 19. Jahrhunderts eine gewisse Liebe, eine Sympathie für alle kurzen, unkonsequenten Gedanken aufgetreten ist, für alles das, was nicht zu Ende gedacht zu werden braucht. Für alles das ist eine Vorliebe, eine Sympathie aufgetreten, wofür man sich nicht endgültig Rechenschaft ablegen will. Ein unbefangenes, voraussetzungsloses Erkennen und Denken liebte man immer weniger und weniger, und daher ist es nicht zu verwundern, wenn allmählich dieses Lieben des Nebulosen, des Unklaren, des gedanklich Nichtfertigen, sogar einen moralisch anfechtbaren Charakter im öffentlichen Leben angenommen hat. Indem aber dieser Charakter begünstigt wird, wird die Sympathie für das Gedankenleben stumpf, was dann auch übergeht in das allgemeine Verhalten. Dadurch wird ja eine Hauptgegenkraft gegen die nach allseitiger Klarheit ringende Geisteswissenschaft ganz besonders herausgestellt.

Die Geisteswissenschaft muß überall wirklich zu den konsequenten, zu den fertigen, nicht zu den halben Gedanken Sympathie und Liebe haben; sie muß nicht im Unklaren und Finstern stehenbleiben wollen, sondern überall nach dem gehen, was in der Weite Licht verbreitet, nicht bloß in der Enge ein Scheinlicht verbreitet. Und in dieser Beziehung werden wir vieles, vieles noch durchzukämpfen haben. Man kann gerade auf solchen Gebieten recht sonderbare Erfahrungen machen, wenn einen das Karma gerade im richtigen Moment zu diesen Erfahrungen bringt.

Und das tut es ja. Sehen Sie, vor einigen Jahren konnten Sie in einer Zeitschrift, die sich *Hochland*[15] nennt, einen Artikel lesen, der gegen unsere geisteswissenschaftliche Weltanschauung gerichtet war, der alles mögliche törichte Zeug gegen unsere Geisteswissenschaft anführte. Nun hat gerade dieser Artikel in der Zeitschrift *Hochland* einigen Staub aufgewirbelt. Er ist viel gelesen worden, und man hielt den Verfasser für einen besonders hervorragenden Philosophen, insbesondere da die Zeitschrift *Hochland* auch alles getan hatte, um die Welt darauf hinzuweisen, daß sie in dem Dr. Lutoslawski, dem Schreiber dieses Artikels, einen tüchtigen Philosophen gewonnen habe, den sie ins Feld führen könne gegen die Geisteswissenschaft.

Nun hat sich aber in der letzten Zeit das Folgende zugetragen: Jener Dr. Lutoslawski hat an den Herausgeber des *Hochland*, an Karl Muth Briefe geschrieben, die demselben so wenig gefallen, daß er sagt: Bei uns – also in seinem Lande – würden höchstens die Insassen von Irrenhäusern solch tolles Zeug schreiben, wie in diesen Briefen steht. – Und er veröffentlicht nun in den *Süddeutschen Monatsheften* die Ausführungen, die der Philosoph gemacht hat. Worauf sich diese beziehen, darauf wollen wir hier nicht eingehen, ich will nur auf die Tatsache aufmerksam machen, daß derselbe Mann, der das sagt, hinzufügen muß: Indem ich diesen Brief von Lutoslawski veröffentliche, dürfte es zweckmäßig sein, dessen persönliche Beziehungen kennenzulernen. –

Nun gibt er über ihn merkwürdige biographische Aufschlüsse und veröffentlicht dann von ihm einen Brief, von dem er sagt, daß solche Auslassungen höchstens von einem von innerlichem Haß Erfüllten zu erwarten sind.

Also vor solchem Faktum kann man stehen, daß der Herausgeber der Zeitschrift *Hochland* denselben Mann, den er jetzt abschüttelt, gebraucht hat als Sturmbock gegen die geisteswissenschaftliche Weltanschauung. Ich glaube nämlich, wenn einer einmal ein Narr genannt werden darf, dann hat man das Recht, ihn für einen Menschen zu halten, der auch in anderer Beziehung wie ein Narr redet. Und konsequent würde es von dem Herausgeber der Zeitschrift sein, wenn er nun sagen würde: Also, es folgt daraus, daß ich damals von einem so närrischen Kerl die Theosophie Dr. Steiners habe verurteilen lassen. – Davor wird er sich hüten. Man hat eben keine Sympathie für die wirkliche Konsequenz, da wo die Konsequenz sich über das Leben ausbreiten soll.

Man bekommt aber durch solche Dinge nun auch ein Gefühl dafür, wo eigentlich zumeist die Ursprünge liegen derjenigen Kräfte, die sich der Theosophie, der Geisteswissenschaft entgegenstellen, so wie sie in echt wissenschaftlichem Sinn von uns gepflegt werden will.

Ich habe diese Erscheinung herausgehoben, weil sie mir das Karma gerade in den letzten Tagen zugeführt hat. Es ist ja merkwürdig, dieses Karma. Man geht an einer Buchhandlung vorbei. Jemand, der mit einem geht, der wahrscheinlich gar nicht einmal den Gedanken hat, daß da etwas Besonderes vorliegt, deutet mit dem Finger auf ein Heft im Schaufenster. Ich gehe in die Buchhandlung, kaufe mir das Heft, und darinnen steht das Zeug. Es gibt, auch schon für die gewöhnlichen Alltagserlebnisse, eine gute Führung des Karma. Aus dem Inhaltsverzeichnis, das außen auf dem Heft steht, ist nicht ersichtlich, daß dieser Artikel darinnen ist, der den Verfasser in ein so merkwürdiges Licht stellt.

Und man könnte viele, viele solche Dinge jetzt vor Ihre Seelen führen. Aber Sie werden verstehen, daß im Zusammenhange mit dem, was ich soeben gesagt habe, wirklich die Verantwortung immer größer und größer wird, die jedem von uns auferlegt ist in bezug auf solche Dinge, wie er auch sonst darüber denken mag. Keiner hat nötig, auf irgendeine Autorität hin diese oder jene Gedanken zu haben, diese oder jene Urteile zu bilden. Über diesen Artikel könnte selbstverständlich jeder anders denken, ohne daß das Denken irgendwie eine besondere Richtung zu bekommen hat. Was nötig ist, das ist, daß unser Verantwortungsgefühl immer größer und größer wird und daß wir immer mehr und mehr sehen, daß wir alles tun müssen, um die Wege zu finden, wie die Geisteswissenschaft in die heutige Weltkultur eingeführt werden kann. Und manche von den Dingen, die geschehen sind in den letzten Zeiten im Zusammenhang mit den großen Weltereignissen, die machen es dringend notwendig, daß in der nächsten Zeit manches, was liegengeblieben ist, wirklich zur Veröffentlichung kommt.

Das sind Dinge, die ich anführen wollte in unserer Betrachtung, um zu zeigen, wie im Laufe des 19. Jahrhunderts die Gedanken durch Ahriman dazu Anlaß gaben, die geistige Welt hinwegzuleugnen, wie sie aber selbst in den Gedanken dieser sie Leugnenden gewirkt hat, weil es – an der Zeit ist. «Es ist an der Zeit»: dieses Wort aus Goethes Märchen ist da am Platze.

Das muß bestätigt werden in der nächsten Zeit.

HELLSEHEN UND EINWEIHUNG – UMKEHR EINES VERHÄLTNISSES*

Jean-Claude Lin

Hellsehen und Einweihung, diese zwei sind Bestandteile *eines* Schulungsweges, eines Einweihungsweges; das Hellsehen tritt auf als ein Bestandteil dieses einen Weges. Die Stufen der höheren Erkenntnis: *Imagination, Inspiration, Intuition,* wie sie von Rudolf Steiner beispielsweise in seinem Buch *Die Geheimwissenschaft im Umriß* beschrieben wurden, sind Stufen des allmählichen Gewahrwerdens des Spirituellen auf dem einen geistigen Schulungsweg. Auch in der «klassischen» Darstellung des anthroposophischen Schulungsweges in dem Buch Rudolf Steiners *Wie erlangt man Erkenntnisse der höheren Welten?* werden die drei grundlegenden Stufen geschildert:

– die *Vorbereitung*, indem die Seele gereinigt und die Organe zur übersinnlichen Wahrnehmung zubereitet werden in der Seele;
– die *Erleuchtung*, das ist das Zünden des geistigen Lichtes, damit mit den Organen, die jetzt sich be-

* Nachfolgende Ausführungen sind die überarbeitete Nachschrift eines in der Anthroposophischen Gesellschaft Stuttgart am 29.4.1998 gehaltenen Vortrags.

wegen und fähig sind wahrzunehmen, etwas gesehen werden kann;
– und schließlich die *Einweihung* selbst, die den Verkehr mit den geistigen Wesen selbst bedeutet.

Bei diesen drei Stufen tritt das Hellsehen auf als ein Moment auf dem großen Weg der inneren, geistigen Entwicklung.

Nun gibt es aber eine viel schärfere Bestimmung der «Einweihung», eine begrifflich schärfere, etwas eingeengtere, vielleicht könnte man sagen, einen mehr technischen Begriff der Einweihung selbst. Auf den möchte ich ein wenig hinweisen, gerade in bezug auf das Hellsehen. Und damit man ein wenig sieht, mit welch großer Thematik wir es dabei zu tun haben, muß ich etwas ausholen, tatsächlich in diesem Fall noch über Adam und Eva hinaus.

In seinem Buch *Die geistige Führung des Menschen und der Menschheit* schildert Rudolf Steiner große Entwicklungen der Erde und der Menschheit. Er schildert in dem zweiten Kapitel dieses Buches sehr komplizierte, differenzierte Entwicklungen nicht nur bei den Menschen, sondern auch bei den unmittelbar über den Menschen stehenden geistigen Wesen. Er beschreibt da auch die Entwicklung unter den Engeln. Und das ist wichtig, um auch die menschliche Entwicklung zu verstehen. Aus einem Studium der grundlegenden Ergebnisse der Geisteswissenschaft, wie sie in der *Geheimwissenschaft* Rudolf Steiners dargestellt sind, geht hervor, daß es vor dieser Erde eine Vorform, eine Art Vorinkarnation der

Erde gegeben hat, den Alten Mond. Da haben die Wesenheiten, die wir mit dem Namen Engel bezeichnen, ihre Entwicklung durchgemacht, die etwa derjenigen Entwicklung entspricht, die wir heute als Menschen durchmachen, indem wir auf Erden die Aufgabe haben, dasjenige, was im Ich enthalten ist, als geistige Individualität zu ergreifen. Das hatten die Engel zu absolvieren auf dem früheren planetarischen Zustand unserer Erde, der die Bezeichnung Alter Mond trägt. Nun, wie es bei solchen Entwicklungen ist, es erreichen nicht alle das Ziel dieser Entwicklung, einige bleiben zurück. Wenn sie aber überhaupt eine Entwicklungsmöglichkeit haben sollen, dann müssen diejenigen Engel, die eben noch nicht ihr Entwicklungsziel auf dem Alten Mond erreicht haben, versuchen, unter den neuen Bedingungen der entstehenden Erde das Umfeld zu finden, das ihnen erlaubt, ihr Ziel auf der Erde zu erreichen. Das geschieht so, daß diese zurückgebliebenen Engel eben in der alten lemurischen, in der alten atlantischen Zeit sich noch verkörpern können in menschlichen Leibern. Die anderen, die ihre Entwicklung auf dem Alten Mond regelrecht haben absolvieren können, die inspirieren die Menschen aus dem Übersinnlichen; sie treten nicht physisch auf. Die zurückgehaltenen, die zurückgebliebenen Engel wirken – das geht aus der Schilderung Rudolf Steiners in diesem zweiten Kapitel der *Geistigen Führung des Menschen und der Menschheit* hervor – trotzdem segensreich für die menschliche Entwicklung.

Wodurch? Dadurch, daß sie Spaltungen hereinführen in die Menschheit. Ohne ihre Tätigkeit wäre die Menschheit eine große Gemeinschaft, eine große Familie, alle Menschen wären auf dem gleichen Entwicklungsstand geblieben. Die zurückgebliebenen Engel bringen eine Differenzierung in größere Menschengemeinschaften herein. Durch die Spaltungen wird eine Individualisierung auch unter den Menschen möglich. Das ist die Möglichkeit für diese zurückgebliebenen Engel, sozusagen das nachzuholen, was sie hätten entwickeln können auf dem Alten Mond. Aber auch da bleiben einige zurück, schaffen es durch ihre Tätigkeit nicht, in der alten Lemuris, in der atlantischen Zeit als in Menschen verkörperte oder inkorporierte Wesen, das Entwicklungsziel eines wirklichen Engelbewußtseins oder Ich-Bewußtseins zu erlangen.

Nun erhalten sie noch einmal eine Chance – das ist ja auch tröstlich, daß es immer wieder diese neuen Chancen der Entwicklung gibt. Sie erhalten eine neue Chance nach der atlantischen Katastrophe in der Zeit der alt-ägyptischen Kultur. Sie bewirken in dieser alt-ägyptischen Zeit eine Hinwendung des Bewußtseins des Menschen zur Erde, zur Materie; insbesondere das zur Erde gerichtete Bewußtsein der alten Ägypter wird von diesen jetzt zweifach zurückgebliebenen Engeln impulsiert. Der materialistische Einschlag im alt-ägyptischen Geistesleben rührt von diesen Inspirationen der zurückgebliebenen Engel, die jetzt aber nicht mehr in Menschenleibern wirken. Wiederum gelingt es einigen nicht, ihre Menschheitsstufe zu erreichen und dann sich weiter zu entwickeln auf der Höhe der Engel; auch da bleiben einige zurück und entwickeln nicht alles, was in ihnen angelegt ist an Keimen in dieser alten ägyptischen Kulturepoche, und bleiben wiederum ein Stück zurück.

Nun erhalten sie dennoch eine weitere Möglichkeit, unter den Erdenverhältnissen noch einmal zu wirken. Sie müssen aber warten, bis die Bedingungen so sind, daß sie tatsächlich weiterwirken können, und das ist gerade in unserer Zeit der Fall. In der vierten nachatlantischen Kulturepoche, welche die griechische und römische Antike und das Mittelalter umspannt, können sie noch nicht wirken; sie müssen eben warten, bis die Bedingungen so sind, daß eine gewisse Korrespondenz besteht zu dem, was im alten Ägypten stattfand. So wirken sie in unsere Zeit und inspirieren insbesondere die Entwicklung unseres auf die Erde gerichteten wissenschaftlichen Bewußtseins, die Tätigkeit des Menschen im Bereich der Technik, unseres ganzen Bewußtseins, wie es auf der Erde ist und für die Erde sozusagen geschaffen ist, bis dahin, daß die Menschen überhaupt kein Bewußtsein mehr haben von einer geistigen Welt. Hier wirken diese jetzt dreifach zurückgebliebenen Engel impulsierend herein.

Indem Rudolf Steiner dies beschreibt, macht er auch auf die Bedeutung dieser Verwicklungen aufmerksam. Erstens weist er auf den Segen der Wirkungsweise dieser Wesen hin. Wenn die Menschen nur die Inspirationen der in regelrechter Entwicklung sich befindenden Engel aufnehmen würden, dann hätten sie zwar ein allgemeines geistiges Bewußtsein, aber nicht dieses stark auf das Individuum sich stützende. Die zurückgebliebenen Engel bringen *Schwere* hinein in die menschliche Entwicklung. Einige Sätze Rudolf Steiners seien hier zitiert:

«Wären durch die weise Weltenführung während der ägyptisch-chaldäischen Zeit solche Wesenheiten nicht zurückgeblieben, so würde es der gegenwärtigen Kultur an der nötigen Schwere fehlen. Es würden dann nur die Kräfte wirken, welche den Menschen mit voller Gewalt ins Geistige bringen wollen. Die Menschen würden nur allzusehr geneigt sein, sich diesen Kräften zu überlassen. Sie würden Schwärmer werden. Solche Menschen würden nur etwas wissen wollen von einem Leben, das so schnell wie möglich sich vergeistigt; und eine Gesinnung wäre für sie maßgebend, die eine gewisse Verachtung des Physisch-Materiellen zeigte. Die gegenwärtige Kulturepoche kann aber ihre Aufgabe nur erfüllen, wenn die Kräfte der materiellen Welt zur vollsten Blüte gebracht und so allmählich auch ihr Gebiet der Geistigkeit erobert wird.» (Rudolf Steiner, *Die geistige Führung des Menschen und der Menschheit,* 1911, 10. Auflage 1987, S. 54.)

Das ist aber nur *eine* Ebene des hierarchischen Wirkens; es gibt noch acht weitere über den Engeln, wo auch immer wieder Entwicklungen und ein Zurückbleiben stattfindet!

Wir haben es in solchen Vorgängen mit einem vielfältigen, ja fast verwirrenden Netz an verschiedenen Graden der Entwicklung zu tun. Und nun entwickelt ein Mensch die Fähigkeit, in diese Welt hineinzuschauen; er begegnet solchen Wesen. Jetzt ist entscheidend zu wissen: Auf welcher Stufe sind die Wesen, denen ich da begegne, wie wirken sie? Wie ist ihr Wirken zu verstehen in dem ganzen Zusammenhang dieser verschiedenen Entwicklungstempi und auch Entwicklungsrichtungen? Entscheidend ist eben, daß der Mensch eine solche Urteilskraft ausbildet, daß er erkennen kann, auf welcher Stufe diejenigen Wesen sich befinden, denen er begegnet durch das hellsichtige Schauen.

Hierzu die entscheidende Passage im Wortlaut Rudolf Steiners: «Man bemerkt, daß es nicht genügt zum Verständnis der Weltvorgänge, wenn durch irgendwelche Übungen das geistige Auge, das geistige Ohr geöffnet ist gegenüber der geistigen Welt. Man hat dadurch nur erreicht, daß man *sieht*, was da ist, daß man die Wesenheiten wahrnehmen kann und weiß: das sind geistige Wesenheiten der Seelenwelt oder des Geistgebietes. Aber es ist auch notwendig, zu erkennen, welcher Art diese Wesenheiten sind. Irgendeine Wesenheit des Seelen- oder Geistgebietes kann einem begegnen; man weiß dann aber noch nicht, ob sie in fortschreitender Entwickelung ist, oder ob sie zur Kategorie der zurückgebliebenen Mächte gehört; ob sie also vorwärts schiebt oder die Entwickelung hemmt. Diejenigen Menschen, welche sich die hellseherischen Fähigkeiten aneignen und nicht zugleich sich das volle Verständnis für die charakterisierten Entwickelungsbedingungen der Menschheit erwerben, können im Grunde genommen niemals wissen, was für eine Art von Wesenheiten ihnen begegnet. Das bloße Hellsehen muß ergänzt werden durch eine klare Beurteilung des in der übersinnlichen Welt Geschauten.» (Rudolf Steiner, *Die geistige Führung des Menschen und der Menschheit,* S. 55/56.)

War das denn nicht immer so? Nein, – führt Rudolf Steiner unmittelbar anschließend aus. In den vergangenen Zeiten, in den vergangenen Kulturepochen konnte ein Mensch hellsehend einem geistigen Wesen gegenübertreten, und er wußte unmittelbar, mit wem er es zu tun hatte. Rudolf Steiner schreibt sogar, es sei diesem Wesen gleichsam «an der Stirn» geschrieben gewesen, wo es sich befindet in seiner Entwicklung, in welche Richtung es wirkt. Und man muß eben wissen, in welche Richtung die Wesen wirken, damit man als Mensch entsprechend dazu Stellung nehmen und wissen kann, welche Inspirationen, welche Impulse so sind, daß sie die menschliche Entwicklung weiterbringen. In vergangenen Zeiten also konnte das bloße Hellsehen genügend Auskunft darüber geben, mit welcher Art von Wesen der Mensch es zu tun hatte. Aber nicht in der Gegenwart. In der Gegenwart ist diese Kennzeichnung verloren gegangen; der Mensch muß die eigene Urteilskraft entwickeln, wenn er wissen will, unter welchen Wesen er sich befindet.

Auf diese entscheidende Differenzierung, diese Spezifizierung von Hellsehen und Einweihung kommt es an.

«Einen Menschen, der in die geistige Welt zu schauen vermag, nennt man in der Esoterik einen *Hellseher*. Aber nur Hellseher sein, ist nicht genug. Ein solcher könnte wohl *sehen*, aber nicht *unterscheiden*. Derjenige, welcher sich die Fähigkeit erworben hat, die Wesen und Vorgänge der höheren Welten zu unterscheiden voneinander, wird ein *Eingeweihter* genannt.» Also: Hellsehend erschaut man wohl die Wesen der geistigen Welt, kann sie aber noch nicht unterscheiden, weiß noch nicht, auf welcher Stufe der Entwicklung sie sich befinden. Derjenige, der das kann, wird Eingeweihter genannt. «Die Einweihung bringt die Möglichkeit, zu unterscheiden zwischen den verschiedenen Arten von Wesenheiten. Es kann also jemand hellsehend sein für die höheren Welten, braucht aber kein Eingeweihter zu sein. Für die alten Zeiten war die Unterscheidung der Wesenheiten nicht besonders wichtig, denn wenn die alten Geheimschulen die Schüler zum Hellsehen gebracht hatten, war die Gefahr des Irrtums keine sehr große. Gegenwärtig aber ist die Irrtumsmöglichkeit in hohem Maße vorhanden. *Daher sollte in aller esoterischen Schulung darauf Rücksicht genommen werden, daß immer zu der Fähigkeit der Hellsichtigkeit hinzu erworben werde die Einweihung.*» (Rudolf Steiner, *Die geistige Führung des Menschen und der Menschheit,* S. 57; Hervorhebung J.-C. L.). Der Mensch muß in dem Maße, wie er hellsehend wird, fähig werden zu unterscheiden zwischen den besonderen Arten der übersinnlichen Wesenheiten und Vorgänge. Rudolf Steiner gibt einen Hinweis, wie es möglich ist, nach und nach diese Unterscheidungsfähigkeit zu entwickeln, nämlich gerade indem man sich auseinandersetzt mit den Schilderungen solcher differenzierten Entwicklungen unter den Engeln und ihres Einflusses auf den Menschen.

Damit haben wir die erste, sehr grundlegende Unterscheidung zwischen Hellsehen und Einweihung.

Ich möchte aber noch auf etwas hinweisen, das bewußt machen kann, wie gerade Hellsehen und Einweihung nicht nur in den vergangenen Jahrtausenden bis heute eine Bedeutung haben, sondern auf eine grundlegende kosmische Differenzierung zurückzuführen sind. Dafür ist notwendig, daß wir ein wenig auf die atlantischen Orakel blicken.

Die atlantischen Orakelstätten waren Orte, aus denen die antiken Mysterien und Mysterienstätten hervorgingen. An ihnen versammelten sich die Menschen und konnten in unmittelbare Berührung kommen mit den geistigen Führungsmächten. In der Erdentwicklung gab es eine Zeit, als noch die Sonne mit der Erde verbunden war und die Erde verbunden war mit dem Mond. (Im Folgenden gebe ich Einsichten wieder, die Rudolf Steiner in seinem kosmologischen Grundwerk *Die Geheimwissenschaft im Umriß* darstellt.) Es war eine Zeit, in der die geistigen Wesen, die den Menschen geschaffen hatten und ihn führten, noch unmittelbar mit ihm zusammen arbeiten und leben konnten. Es kam aber eine Zeit, da die Erde sich so verdichtete, daß diejenigen hohen Wesen, die über den Engeln stehen und die mit den Sonnenkräften zusammenhängen, diesen Verdichtungsprozeß nicht mehr mitmachen konnten. Sie mußten sich von der Erde trennen und bildeten dasjenige, was heute die Sonne im Kosmos ist. Dadurch aber, daß diese Lichteskräfte sich von der Erde loslösten, wurde der Verdichtungsprozeß noch beschleunigt, so daß es für bestimmte Menschen immer schwerer wurde, noch mit der Erde zusammenzubleiben; und auch für andere geistigen Wesen, die nicht mit der Sonne gegangen, sondern noch mit den Menschen und mit der Erde verbunden waren, wurde es immer schwieriger noch unter den Menschen zu arbeiten. So lösten sich nach und nach andere Himmelskörper von der Erde: Saturn, Jupiter, Mars. Und jedesmal gingen ganze Scharen von Menschen mit, die den Verdichtungsprozeß der Erde nicht mitmachen konnten. Auch auf der Sonne entstanden Kolonien von Menschen und Wesenheiten, welche nun die Bedingungen des Sonnenzustandes nicht mitmachen konnten, so daß Venus und Merkur sich daraus entwickelten. Nur eine ganz kleine Schar von Menschen konnte noch auf der Erde bleiben unter den starken Verdichtungsprozessen, die daher rührten, daß die Kräfte des Mondes noch mit der Erde verbunden waren. Diese ganz kleine Schar von Menschen stand aber in engem Verhältnis zu den Sonnenwesenheiten und insbesondere zu dem leitenden Geist der Sonne, der seine Ätherkräfte schützend um sie breitete. Für die Menschen aber wäre es dennoch unmöglich gewesen, in ihrer Entwicklung weiterzugehen, wenn sich nicht dann der Mond von der Erde abgespalten hätte. Dadurch entstand wieder die Möglichkeit, daß die anderen Menschen auf die Erde zurückkommen konnten. Von diesem Zeitpunkt ab besteht unter den Menschen eine Gliederung: Diejenigen Menschen, die stark mit den geistigen Wesen des Saturn, des Jupiter, des Mars und so weiter verbunden waren, die kamen dann wieder zur Erde mit den Impulsen und auch Eigentümlichkeiten derjenigen geistigen Wesen, mit denen sie zusammen waren in dieser Zwischenzeit, als sie nicht auf der Erde sein konnten. Und aus dieser Differenzierung der Menschheit heraus, die bis in die Gestaltung ging, entstanden dann in der atlantischen Zeit, nachdem die Entwicklung wieder ausgeglichen war, die Orakelstätten, eben nach diesen planetarischen Kolonien oder Richtungen unterschieden, so daß man auf der Erde eine Jupiter-Orakelstätte, eine Mars-, eine Saturn-Orakelstätte, eine Merkur- und Venus-Orakelstätte und eine Sonnen-Orakelstätte hatte, an denen die Menschen noch in Verbindung bleiben konnten zu den sie inspirierenden geistigen Mächten.

Nun ist für unser Thema interessant, daß die Unterscheidung zwischen einem schauenden Bewußtsein und einem Bewußtsein, das mehr von der Urteilskraft des Menschen getragen ist, mit der Ausrichtung, mit der Eigentümlichkeit dieser Orakelstätten verbunden ist. Unter ihnen ist die Vulkan-Orakelstätte eine besondere, sie ist der Erde am nächsten gelegen. In ihr wurden insbesondere diejenigen Kulturfähigkeiten entwickelt, die zu unseren Künsten und Wissenschaften geführt haben. Die Vulkan-, Merkur- und Venus-Eingeweihten unterschieden sich von den Saturn-, Jupiter- und Mars-Eingeweihten dadurch, daß die letzteren ihre Geheimnisse mehr als eine Offenbarung von oben empfingen, mehr in einem fertigen Zustande, während die ersteren schon mehr in Form von eigenen Gedanken, von Ideen ihr Wissen enthüllt erhielten. Diejenigen Menschen also, die als die Erde sich zu stark verdichtete, auf dem Jupiter, auf dem Mars, auf dem Saturn eine Zwischenbleibe gefunden hatten, sie hatten die Fähigkeit, besonders das schauende Element zu pflegen und Offenbarungen aus der geistigen Welt zu empfangen. Diejenigen Menschen, die verbunden waren mit den geistigen Wesen auf der Venus, auf dem Merkur, die mit dem Vulkan verbunden waren, die hatten die Fähigkeit, ihre Erkenntnisse mehr in Vorstellungs- und Begriffsform zu entwickeln. Hier sieht man also schon eine kosmische Bedingtheit dieser zwei Prinzipien der menschlichen Entwicklung, des hellseherischen Bewußtseins und der Einweihung, die darauf gegründet ist, daß der Mensch Urteilskraft, Unterscheidungsvermögen entwickelt. – In der Mitte standen die Sonnen- oder Christus-Eingeweihten. Sie erhielten mit der Offenbarung in unmittelbarem Zustande auch zugleich die Fähigkeit, in menschliche Begriffsformen ihre Geheimnisse zu kleiden. Die Saturn-, Jupiter- und Mars-Eingeweihten mußten sich mehr in Sinnbildern aussprechen. Die Christus-, Venus-, Merkur- und Vulkan-Eingeweihten konnten sich mehr in Vorstellungen mitteilen. Durch dieses Vermögen des Vorstellungs-, des Begriffslebens ist es möglich, wenn man hellsehend wird, die verschiedenen Grade der Entwicklung bei geistigen Wesen zu unterscheiden.

Es ist also eine kosmische Bedingtheit menschlicher Entwicklung, daß es diese zwei Ausrichtungen gibt unter den Menschen. Noch immer klingt die Verbindung nach, die man innerhalb dieser kosmischen Verhältnissen hatte: Wo war man, als die Erde sich so stark verdichtete? Mit welchen Himmelskörpern, welchen himmlischen Gemeinschaften hatte man zu tun? Durch diese Beziehungen ist in elementarer Weise angelegt, ob man mehr zu einem hellseherischen, geistigen Offenbarungen sich hingebenden Bewußtsein neigt oder mehr die menschliche Denkfähigkeit zu entwickeln strebt, die eben mit den Kräften der Schwere zu tun hat.

Es findet nun folgende weitere Entwicklung statt: Nach der atlantischen Katastrophe wird versucht, dasjenige, was in den Orakelstätten gelebt hat, zusammenzufassen als Keim für die nachatlantischen Kulturepochen. Und der große Sonneneingeweihte sammelt um sich herum sieben Menschen, die die Fähigkeit haben, die Quintessenz jeweils der sieben Orakelstätten in sich aufleben zu lassen, so daß das nicht verloren geht für die Menschheit, sondern weiterleben kann, die Entwicklung der nachatlantischen Kulturen impulsierend. Der große Sonneneingeweihte sammelt also diese sieben um sich, die sieben heiligen Rischis, die die urindische Kulturepoche geprägt haben. Jetzt kann man sich fragen: Was hatte er für ein besonderes Bewußtsein? Wir haben schon gehört: In der Sonnenorakelstätte herrschte ein gewisses Gleichgewicht zwischen dem rein offenbarenden Hellseherischen und dem, was mehr bei den untersonnigen Planeten gelebt hat, der menschlichen Vorstellungskraft. Es scheint mir von Bedeutung zu sein, wie Rudolf Steiner das Bewußtsein dieses Christus-Eingeweihten, der die Sieben um sich sammelt, als Vertreter der sieben atlantischen Orakel, beschreibt.

In der altindischen Zeit ist der große Christus-Eingeweihte wie ein achter hinter den sieben Vertretern der atlantischen Orakel. Das Verhältnis, das in der atlantischen Zeit herrschte, verändert sich jetzt, es kommt eine kleine Differenzierung herein: «Zwar stellte derjenige Lehrer, welcher der geistige Nachfolger des Christus-Eingeweihten war, nicht dasjenige dar, was der Christus-Eingeweihte selbst enthüllen konnte. Dieser war im Hintergrunde der Entwickelung geblieben.» – Im Vordergrund wirken die sieben heiligen Rischis, die jeweils für sich sozusagen die Frucht der sieben atlantischen Orakel darstellen. Unter ihnen ist auch ein Nachfolger des Christus-Eingeweihten als Vertreter des Sonnenorakels. Der große Christus-Eingeweihte aber ist im Hintergrund. – «Zunächst konnte er sein hohes Amt keinem Nachatlantier übertragen.» – Worin bestand dieses hohe Amt? Das scheint mir hier wichtig zu sein. – «Der Christus-Eingeweihte der sieben großen indischen Lehrer unterschied sich von ihm [seinem nach-atlantischen Nachfolger] dadurch, daß er ja vollständig sein Schauen des Christus-Geheimnisses in menschliche Vorstellungen hatte verarbeiten können, während jener indische Christus-Eingeweihte nur einen Abglanz dieses Geheimnisses in Sinnbildern und Zeichen darstellen konnte. Denn sein menschlich erarbeitetes Vorstellen reichte nicht bis zu diesem Geheimnisse. Aber aus der Vereinigung der sieben Lehrer ergab sich in einem großen Weisheitsbilde eine Erkenntnis der übersinnlichen Welt, von welcher in dem alten atlantischen Orakel nur die einzelnen Glieder haben verkündet werden können. Es wurden die großen Führerschaften der kosmischen Welt enthüllt und leise hingewiesen auf den einen großen Sonnengeist, den Verborgenen, der über denen thront, welche durch die sieben Lehrer geoffenbart wurden.» (Rudolf Steiner, *Die Geheimwissenschaft im Umriß,* 1910, 29. Auflage 1977, S. 274/275.)

Das Verhältnis ist also so: Wir haben die sieben Nachfolger der atlantischen Orakel. Sie haben die Fähigkeit, das herüberzuretten für die nachatlantische Zeit, was durch die atlantischen Orakel möglich war, durch die Begegnung mit den geistigen Wesenheiten.

Sie müssen aber ihre Erkenntnisse, die sie noch pflegen können, in sinnbildlicher Art darstellen.

Dahinter steht der Sonneneingeweihte, der in die Geheimnisse des großen Sonnengeistes eingeweiht ist, die später auf der Erde als Christus erscheinen wird. Dieser große Christus-Eingeweihte hat Kenntnis von diesen Geheimnissen. Die anderen stellen dar in sinnbildlicher, symbolischer Form Schauungen, dasjenige, was sie noch erreichen können. Was dieser achte, verborgene Eingeweihte noch haben kann, ist ein Verständnis des Christus-Geheimnisses in menschlichen Vorstellungen. Das haben gerade die anderen sieben nicht. Also der höchste Eingeweihte unter diesen acht ist gerade derjenige, der die Fähigkeit besitzt, die wir auch ausüben, indem wir denken und unsere Urteilskraft pflegen und entwickeln. Gerade das ist die Fähigkeit dieses allerhöchsten Sonneneingeweihten, der im Verborgenen wirkt. Er konnte keinen Nachfolger unmittelbar unter den Nachatlantiern finden; er mußte lange warten, bis er einen solchen Nachfolger finden konnte. Der Christus-Eingeweihte der sieben großen indischen Lehrer unterschied sich von demjenigen, der unter den Sieben das Sonnenorakel vertrat, dadurch, daß dieser ja vollständig sein Schauen des Christus-Geheimnisses in menschliche Vorstellungen hatte verarbeiten können. Der indische Christus-Eingeweihte unter den sieben heiligen Rischis, der das Sonnenorakel vertritt, konnte nur einen Abglanz dieses Geheimnisses in Sinnbildern und Zeichen darstellen. Es bedurfte der ganzen Entwicklung bis in das 20. Jahrhundert hinein, bis es möglich war, unter Menschen dieses Verständnis des Christus-Geheimnisses in menschlichen Begriffen zum Ausdruck zu bringen.

Da haben wir also auf einer viel höheren Stufe das gegeben, was in der Unterscheidung liegt zwischen Hellsehen und Einweihung. Die höchste Stufe der Einweihung hat zu tun mit der menschlichen Kraft der Vorstellung, so daß wir zwei Entwicklungsströme haben: den Strom der hellseherischen Offenbarungen, und den Strom des verarbeitenden Vorstellungs- und Denkvermögens insbesondere unter denjenigen Menschen, die am längsten ausharren konnten auf der Erde, noch unter den schwierigen Bedingungen, als der Mond mit der Erde zusammen war. Diese kleine Schar von Menschen konnte das entwickeln, was nur auf der Erde ausgebildet werden kann: die Kraft des menschlichen Denkens, die Orientierung gibt für die irdischen Verhältnisse. Diese Menschen entwickelten das, was die Engel noch gar nicht in dieser Art haben konnten, die irdische Urteilskraft, die einem auch die Unterscheidung ermöglicht, mit welchen Wesen man es in der hellseherischen Begegnung zu tun hat.

Nun könnte es geschehen, daß man bloß das Hellsehen entwickeln wollte; dann würde man sich von der Erde abwenden, ohne das mitzunehmen, was allein auf der Erde möglich geworden ist, nämlich das individuelle Bewußtsein, das durch die Ausbildung der eigenen Urteilsfindung entwickelt wird. Ande-

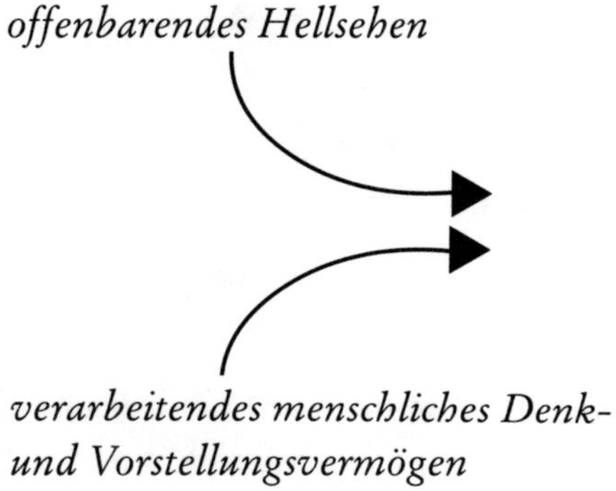
offenbarendes Hellsehen
verarbeitendes menschliches Denk- und Vorstellungsvermögen

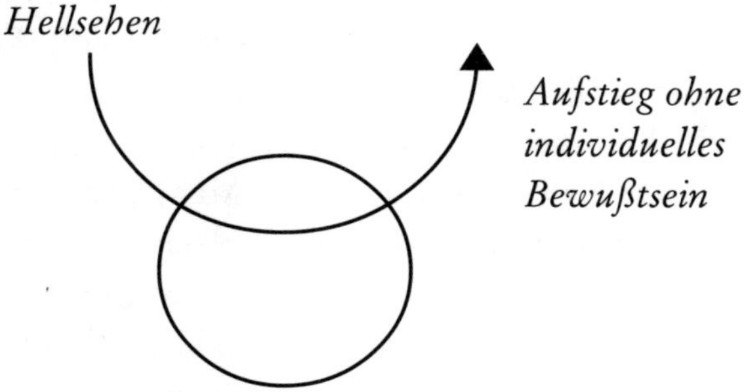
Hellsehen
Aufstieg ohne individuelles Bewußtsein

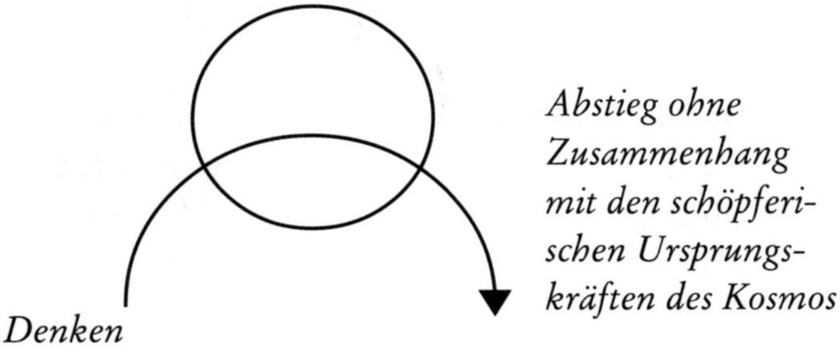
Abstieg ohne Zusammenhang mit den schöpferischen Ursprungskräften des Kosmos
Denken

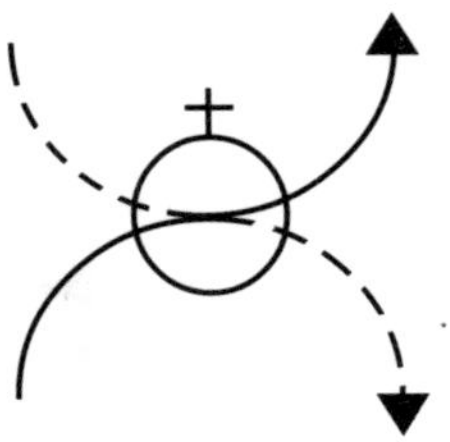

rerseits, wenn die Menschen nur ein irdisches Denkbewußtsein behielten, wenn sie sich nur den Impulsen der zurückgebliebenen Schwere verursachenden Engel hingäben, würden sie selbst herabsinken und nicht die Möglichkeit finden, wieder mit der geistigen Entwicklung zusammen zu leben. Es ist die Aufgabe des großen Sonnen- und Christus-Eingeweihten, die Verbindung zwischen den beiden Entwicklungslinien herzustellen, sodaß die Menschen sich individuell entwickeln und wieder ein Bewußtsein der geistigen Verhältnisse erlangen, also aus dem Impuls der sich auf der Erde entwickelnden Urteilskraft das Hellsehen ergreifen. Man kann sagen, früher war man Hellseher und wurde Eingeweihter.

Hellsehen ⟶ Einweihung

Heute findet die Umkehr statt; heute beginnt der Schulungsweg damit, daß man sich zunächst Eigenschaften der Einweihung durch das sich stark entwickelnde Denkvermögen aneignet, dann kommt das Hellsehen hinzu.

Hellsehen ←— Einweihung

Der anthroposophische Schulungsweg beginnt ja mit dem *Studium* der Geisteswissenschaft, mit demjenigen, was der Mensch sich vorstellungsmäßig aneignet über die Verhältnisse der geistigen Welt, der menschlichen Entwicklung. Hierdurch kann denjenigen negativen Einflüssen entgegengewirkt werden, die von einem Nicht-Wissen über die Entwicklungsstufen und Entwicklungsrichtungen unter den Engeln herrühren. Wenn man die Möglichkeit eines Wiederaufstiegs in die Höhen des Kosmos unter Beibehaltung des auf Erden durch das Denken erworbenen individuellen Bewußtseins vorbereiten will, muß man sich denkend mit den Schilderungen, wie sie Rudolf Steiner zum Beispiel in seinen Schriften gegeben hat, auseinandersetzen. «Für die neue Form der Hellsichtigkeit mußte die abendländische Esoterik streng das Prinzip aufstellen, daß Einweihung die geistigen Ohren und geistigen Augen zu führen habe.» (Rudolf Steiner, *Die geistige Führung des Menschen und der Menschheit,* S. 58.) Die Führung kommt von diesem Prinzip der Einweihung her, dem Prinzip der menschlichen Urteilskraft. Das führt den Menschen hin zum Hellsehen, so daß der Mensch sich zurechtfinden kann unter den Verhältnissen, derer er dann gewahr wird.

Mir scheint es von Bedeutung, daß gerade dieses Verhältnis zwischen dem schauenden Bewußtsein und der eigenen, auf Erden getätigten und entwickelten Urteilskraft des Menschen in der Schilderung des ersten Ostersonntags aus dem Johannes-Evangelium wiedergegeben wird – gerade dieses.

Am Ostersonntag, bevor die Sonne aufgegangen ist, als es noch dunkel ist, geht Maria Magdalena zum Grab und möchte bei dem Herrn sein. Sie findet, daß der Stein von dem Grabeingang weggerollt ist. Sie ist ganz aufgeregt, eilt zurück, kommt zu Simon Petrus und zu dem anderen Jünger, den der Herr lieb hatte, und sagt: Sie haben den Herrn weggebracht, und wir wissen nicht wohin. Simon Petrus und der andere Jünger, den der Herr lieb hatte, eilen zur Grabesstätte. Johannes, der andere Jünger, der jüngere, ist schneller und kommt zuerst an, bleibt aber an der Schwelle stehen, sieht, wie die Leinentücher daliegen, tritt nicht ein, läßt dem älteren Petrus den Vortritt. Als Petrus herankommt, tritt er in die Grabesstätte hinein und sieht dort die Leinentücher liegen und das Schweißtuch an einer anderen Stelle eingewickelt. Da tritt auch dieser andere Jünger, den der Herr lieb hatte, herein, und es wird gesagt: Er sah und glaubte. Obwohl er das Schriftwort, daß er auferstehen müsse von den Toten, bisher nicht kannte, ist er der inneren Gewißheit, daß Christus auferstanden ist. Sie kehren zurück zu den anderen Jüngern, nur Maria Magdalena bleibt noch beim Grab, sehr beunruhigt und weinend, und schaut in die Grabesstätte hinein. Am Fußende und am Kopf sitzen zwei weiß strahlende Gestalten. «Weib, was weinest du?» – «Wo haben sie ihn hingebracht?» Sie wendet sich um und sieht da einen vor sich stehen, den sie nicht erkennt, von dem sie meint, es sei der Gärtner. Wenn du ihn weggebracht hast, sag mir doch, wo er ist, dann werde ich ihn holen, sagt sie, nachdem auch er die Frage der Engel gestellt hatte: «Weib, was weinest du?» Sie wendet sich wieder ab, schaut vielleicht noch einmal in die Grabstätte hinein, und da spricht der Auferstandene dieses eine Wort: «Maria.» Sie wird, wie mir scheint, von hinten von dem Auferstandenen selbst im Innersten ihres eigenen Wesens erweckt, und da erkennt sie, vor wem sie steht, und wendet sich um. «Rabbuni», spricht sie. Das ist noch viel mehr als nur «Meister», in dieser Wendung enthält *Rabbuni* auch das Göttliche. Jetzt erkennt sie den Auferstandenen, nachdem sie durch die Ausrufung ihres Namens wie auferweckt worden ist. Das Schauen allein hat nicht genügt, sie mußte noch einmal zusätzlich geweckt werden. Dann sagt der Auferstandene zu ihr: Jetzt gehe zu meinen Brüdern und sage ihnen, daß ich zu meinem Vater und eurem Vater auffahren werde, zu meinem Gott und zu eurem Gott. Und sie geht und erzählt, daß sie den Auferstandenen gesehen hat.

Am Abend dieses ersten Ostersonntags, als die Jünger versammelt und die Türen abgeschlossen waren, tritt er herein mit den bekannten Worten: «Der Friede sei mit euch.» Nun erleben auch die anderen Jünger den Auferstandenen, er haucht sie an mit dem Heiligen Geist, und ab diesem Zeitpunkt wächst allmählich ein Verständnis dafür unter den Jüngern, mit wem sie drei Jahre lang gelebt haben. – Einer war aber nicht dabei: Thomas, der Zweifler. Ehe ich nicht meine Hand in seine Wunde gelegt habe, glaube ich nicht daran, sagt er. Acht Tage später, am folgenden Sonntag sind die Jünger wieder versammelt, wieder sind die Türen verschlossen, der Auferstandene tritt herein und fordert Thomas auf, seine Finger in die Wundmale, seine Hand in die Wunde an der Seite zu legen. Nun erkennt Thomas, daß Christus auferstanden ist. Du glaubst jetzt, die innere Gewißheit hast du jetzt, spricht Christus zu Thomas, weil du jetzt gesehen hast. «Selig sind diejenigen, die glauben» – die diese innere Gewißheit haben – «und nicht sehen.» (Johannes im 20. Kapitel.)

Damit wird genau das Verhältnis zwischen Einweihung und Hellsehen bezeichnet. Ein Eingeweihter kann *wissen*, er muß noch nicht sehen. Die Einweihung, die eigene Urteilskraft ermöglicht ihm dann zu wissen, mit wem er es zu tun hat, wenn er sieht. Lazarus Johannes, der Jünger, den der Herr lieb hatte, er sah den Auferstandenen nicht als erster, aber er *wußte* als erster, daß Christus auferstanden war. Als er in die Grabesstätte trat und die Leinentücher auf dem Boden liegen sah und das Schweißtuch an einer anderen Ecke aufgewickelt sah, da sah er noch nicht den Auferstandenen, aber er wußte: Er ist auferstanden. *Er wußte es*. Die anderen haben gesehen. Maria Magdalena ist die erste, die den Auferstandenen sieht, aber sie weiß noch nicht, *wen* sie sieht; sie muß erst noch diese Erweckung erfahren. Auch für die anderen wirkt Christus so, daß er ihnen hilft, allmählich zu verstehen, wer unter ihnen ist. Aber Lazarus Johannes, der hat ihn noch nicht gesehen, er wußte es; er war ein Eingeweihter, aber kein hellsehender Eingeweihter zunächst; das Hellsehen kam später.

In dem sehr eigentümlichen letzten Kapitel des Johannes-Evangeliums wird noch erzählt, wie Lazarus Johannes vom Boot aus einen Menschen sieht, der am Ufer des Sees von Tiberias steht, einige Fische auf ein Feuer legend, und in ihm den Herrn erkennt. Er kann ihn erkennen, immer wieder erkennen, weil er vorher ein Eingeweihter gewesen ist. Und wenn er in die Situation kommt zu sehen, dann weiß er auch, was er sieht. So erkennen wir in diesem Bericht des Johannes-Evangeliums: Auch da, am Beginn der Entwicklung des Christentums, ist unmißverständlich wiedergegeben dieses neue Verhältnis zwischen dem *schauenden* und dem *wissenden* Element, das aller Einweihung von nun an innewohnt.

So können wir uns sagen, indem wir uns denkend mit der Geisteswissenschaft auseinandersetzen: Darin lebt schon der Keim der Einweihung. Und das Hellsehen kann warten. Es wird in fruchtbarer Weise auf uns zukommen, wenn wir die die Eigenständigkeit wahrenden Schritte zur Einweihung unternehmen. Da brauchen wir nicht ungeduldig werden, wenn wir zuerst im denkenden, wissenden Aneignen der geisteswissenschaftlichen Darstellungen noch nicht über ein hellseherisches Verhältnis zur geistigen Welt verfügen. Denn: «Wer überhaupt in Ungeduld verfallen kann, ‹weil er noch nichts sieht›, der hat noch nicht das rechte Verhältnis zu einer höheren Welt gewonnen.» (Rudolf Steiner, *Die Geheimwissenschaft im Umriß*, S. 347.)

Dieses *rechte Verhältnis* zu einer höheren Welt, das möchte die Anthroposophie entwickeln und pflegen. Wenn wir das tun, können wir sicher sein, daß wir auf dem Weg sind zur Einweihung und daß zu gegebener Zeit das Hellsehen, das schauende Zusammenleben mit den geistigen Wesen stattfinden wird.

Anmerkungen

1 Diese Darstellungen Rudolf Steiners über die kosmologische Entwicklung der Erde fanden einen vorläufigen Abschluß in seiner *Geheimwissenschaft im Umriß* (1910), Gesamtausgabe Bibliographie-Nummer 13 (= GA Bibl.-Nr. 13), Dornach, 30. Aufl. 1989.

2 Siehe *Aus der Akasha-Chronik* (1904 – 1908), GA Bibl-Nr. 11. Dornach, 6. Aufl. 1986, und *Die Geheimwissenschaft im Umriß.*

3 Gemeint sind die Mitglieder der deutschen Sektion der Theosophischen Gesellschaft. Ab 1913 stellte Rudolf Steiner die Ergebnisse seiner geisteswissenschaftlichen Forschung den Mitgliedern der Anthroposophischen Gesellschaft dar.

4 Siehe die Vorträge über intimere Reinkarnationsfragen, zum Beispiel in Heidelberg am 21. Januar 1909 und in München am 7. März 1909, in: *Das Prinzip der spirituellen Ökonomie im Zusammenhang mit Wiederverkörperungsfragen,* GA Bibl.-Nr. 109/111, Dornach, 2. Aufl. 1979.

5 Baruch (Benedictus) de Spinoza, 1632 – 1677. *Ethica. Ordine Geometrico demonstrata* (Ethik, nach der geometrischen Methode dargestellt) 1677.

6 Dimitrij Iwanowitsch Mendelejew, 1834 – 1907, russischer Chemiker.

7 Von diesem in Bergen am 9. Oktober und in Kopenhagen am 15. Oktober 1913 gehaltenen Vortrag sind nur wenige Notizen vorhanden.

8 «Zwar ist es leicht, doch ist das Leichte schwer»: Worte des Mephisto in *Faust II*, 1. Akt: Kaiserliche Pfalz.

9 In dem ersten in Bergen gehaltenen Vortrag vom 10. Oktober 1913 sprach Rudolf Steiner über «Die lebendige Wechselwirkung zwischen Lebenden und To-

ten», in: *Okkulte Untersuchungen über das Leben zwischen Tod und neuer Geburt,* GA Bibl.-Nr. 140, Dornach, 3. Aufl. 1980.

10 Siehe den dritten von drei Vorträgen über «Das Problem des Todes im Zusammenhang mit der künstlerischen Auffassung des Lebens» vom 7. Februar 1915, in: *Wege der geistigen Erkenntnis und der Erneuerung künstlerischer Weltanschauung,* GA Bibl.-Nr. 140, Dornach, 3. Aufl. 1980.

11 Über die «Lotusblumen» als geistige Wahrnehmungsorgane und ihre Bewegungen siehe das grundlegende Schulungsbuch Rudolf Steiners: *Wie erlangt man Erkenntnisse höherer Welten?,* GA Bibl.-Nr. 10, Dornach, 24. Aufl. 1993, Kapitel: «Über einige Wirkungen der Einweihung».

12 In einem der Stenogramme dieses Vortrags steht statt «Weltenprozeß»: «Atemprozeß».

13 *Die Geheimnisse der Schwelle*, GA Bibl.-Nr. 147, Dornach, 6. Aufl. 1997.

14 Ludwig Feuerbach, 1804-1872, Schüler Hegels, der sich später ganz von seinem Lehrer trennte und der materialistischen Philosophie zuwandte. Die beiden Zitate stammen aus dem Buche *Gedanken über Tod und Unsterblichkeit.* Es erschien erstmals 1846 und enthielt eine Reihe von Aufsätzen und Dichtungen, die zum Teil auch schon früher veröffentlicht worden waren. Das erste Zitat findet sich in dem Aufsatz «Die Unsterblichkeitsfrage vom Standpunkt der Anthropologie», im Kapitel «Subjektive Notwendigkeit des Unsterblichkeitsglaubens». Das zweite ist in dem Aufsatz «Todesgedanken» enthalten, in dem Kapitel «Der physische Grund des Todes». Dieser Aufsatz war schon einmal im Jahre 1830, allerdings anonym, veröffentlicht worden. Sein Inhalt bewirkte, daß nach Bekanntwerden des Verfassers, dieser an keiner Uni-

versität des damaligen Deutschland eine Anstellung finden konnte.

15 *Hochland*, Monatsschrift für alle Gebiete des Wissens, der Literatur und Kunst, gegründet 1903, herausgegeben von Karl Muth, einem katholisch-religiösen Schriftsteller, dessen Hauptwerk *Wiedergeburt der Dichtung aus dem religiösen Erlebnis* 1903 erschienen ist. Im 12. Jahrgang (1915) findet sich im Märzheft ein Artikel mit dem Titel «Ein polnischer Messianist als Wahrsager der westlichen Zivilisation». Darin heißt es u.a.: «Absonderliche Ideen mögen in den Träumen eines Dichters immer noch liebenswürdig und lebenswarm erscheinen. Wenn sie aber von einem reinen Fanatiker des Gedankens in pseudowissenschaftliche Systematik gezwängt werden, dann wirken sie nur noch dürr und abstoßend. Der ehemalige Krakauer, nun Genfer Dozent Wincenty Lutoslawski, dessen treffende Kritik der Steinerschen, sogenannten *Geheimwissenschaft* den Hochlandlesern noch erinnerlich sein wird, ist leider selbst immer deutlicher dem gleichen Mißbrauch verfallen, den er damals dem bekannten Theosophen vorgeworfen hat: ‹Was unter dem Namen einer Wissenschaft auftritt, muß redlich die Quellen angeben, aus denen angebliche Wahrheiten stammen, und darf sich nicht auf persönliche Autorität oder Einweihung berufen.› Dabei beruft sich nun Lutoslawski selbst in seinem Buche *Volonté et Liberté* (1912), messianistische Mystik mit moderner Psychologie aufs absonderlichste mischend, auf Wahrheiten und Ansichten, die ‹bis jetzt nur von einigen auserwählten Wesen vorausgesehen› werden, und entwirft auf Grund dessen Zukunftsschilderungen und Erziehungsprogramme, bei denen, gelinde gesprochen, nur der Wunsch der Vater des Gedankens ist.»

Nachweise

I. Vortrag, Stuttgart, 13. November 1909

«Visionäres Schauen und denkendes Erkennen. Über das richtige Verhältnis zu übersinnlichen Erfahrungen» – aus dem im Rudolf Steiner Verlag, Dornach, unter dem gleichen Titel erschienenen Sonderdruck aus dem Jahr 1988 entnommen. In der Rudolf Steiner Gesamtausgabe ist dieser Vortrag unter dem Titel «Über das rechte Verhältnis zur Anthroposophie» in dem Band *Die tieferen Geheimnisse des Menschheitswerdens im Lichte der Evangelien.* GA Bibl.-Nr. 117, Dornach, 2. Aufl. 1985, erschienen.

II. Vortrag, Bergen, 10. Oktober 1913

«Die Umwandlung menschlich-irdischer Kräfte zu Kräften hellseherischer Forschung» – aus: *Okkulte Untersuchungen über das Leben zwischen Tod und neuer Geburt.* GA Bibl.-Nr. 140, Dornach, 3. Aufl. 1980.

III. Vortrag, Dornach, 27. März 1915

«Meditation und Konzentration. Die drei Arten des Hellsehens» – unter diesem Titel erschien dieser Vortrag erstmals 1935 in Dornach. In der Rudolf Steiner Gesamtausgabe ist er in dem Band enthalten: *Wege der geistigen Erkenntnis und der Erneuerung künstlerischer Weltanschauung,* GA Bibl.-Nr. 161, Dornach 1980.

Einige weiterführende Veröffentlichungen im Verlag Freies Geistesleben:

Rudolf Steiner, *Wege der Übung.* Zwölf Vorträge, ausgewählt und herausgegeben von Stefan Leber (*Themen aus dem Gesamtwerk 1*).

Rudolf Steiner, *Die Aufgabe der Anthroposophie.* Elf Vorträge, ausgewählt und herausgegeben von Friedhelm Dörmann (*Themen aus dem Gesamtwerk 20*).

*

Jan Dostal, *Wie wächst man in die Anthroposophie hinein? Vier Stufen des spirituellen Denkens.*

Erhard Fucke, *Das anthroposophische Studium. Seine Bedeutung für den Schulungsweg.*

Christof Lindenau, *Im Grenzgang zu erringen. Zur Übungs- und Arbeitsweise geistiger Forschung.*

Christoph Lindenberg, *Individualismus und offenbare Religion. Rudolf Steiners Zugang zum Christentum.*

Florin Lowndes, *Die Belebung des Herzchakra. Ein Leitfaden zu den Nebenübungen Rudolf Steiners.*

Heten Wilkens, *Das wiedergefundene Wort. Zur Mysterienkultur der Gegenwart: Christus-Erkennen, Initiations-Impuls, Interpretation.*

Rudolf Steiner
Themen aus dem Gesamtwerk
im Taschenbuch

1. Wege der Übung
2. Sprechen und Sprache
3. Zur Sinneslehre
4. Vom Lebenslauf des Menschen
5. Erde und Naturreiche
6. Naturgrundlagen der Ernährung
7. Ernährung und Bewußtsein
8. Geschichtserkenntnis. Zur Symptomatologie der Geschichte
9. Wiederverkörperung. Zur Idee von Reinkarnation und Karma
10. Gesundheit und Krankheit
11. Spirituelle Psychologie
12. Elemente der Erziehungskunst. Menschenkundliche Grundlagen Waldorfpädagogik

Verlag Freies Geistesleben

Rudolf Steiner

Themen aus dem Gesamtwerk

im Taschenbuch

13. Soziale Frage und Anthroposophie. Zur Neugestaltung des gesellschaftlichen Organismus

14. Christologie. Anthroposophie als Weg zum Christusverständnis

15. Das Leben nach dem Tod und sein Zusammenhang mit der Welt der Lebenden

16. Mensch und Sterne. Planeten- und Tierkreisentsprechungen in Mensch und Erde

17. Vom Wirken der Engel und anderen hierarchischen Wesenheiten

18. Geistige Wesen in der Natur

19. Das Mysterium des Bösen

20. Die Aufgabe der Anthroposophie

Verlag Freies Geistesleben